余晖

镇江市老区开发促进会
镇江市扶贫开发协会
镇江市老区扶贫基金会

编著

江苏大学出版社
JIANGSU UNIVERSITY PRESS

镇　江

图书在版编目(CIP)数据

余晖 / 镇江市老区开发促进会，镇江市扶贫开发协会，镇江市老区扶贫基金会编著. — 镇江 ：江苏大学出版社，2023.2

ISBN 978-7-5684-1945-1

Ⅰ. ①余… Ⅱ. ①镇… ②镇… ③镇… Ⅲ. ①扶贫—研究—镇江 Ⅳ. ①F127.533

中国版本图书馆 CIP 数据核字(2022)第 255027 号

余晖
Yuhui

编　　著/镇江市老区开发促进会　镇江市扶贫开发协会　镇江市老区扶贫基金会
责任编辑/吴小娟
出版发行/江苏大学出版社
地　　址/江苏省镇江市京口区学府路 301 号(邮编：212013)
电　　话/0511-84446464(传真)
网　　址/http://press.ujs.edu.cn
排　　版/镇江市江东印刷有限责任公司
印　　刷/江苏凤凰数码印务有限公司
开　　本/710 mm×1 000 mm　1/16
印　　张/12.5
字　　数/211 千字
版　　次/2023 年 2 月第 1 版
印　　次/2023 年 2 月第 1 次印刷
书　　号/ISBN 978-7-5684-1945-1
定　　价/50.00 元

如有印装质量问题请与本社营销部联系(电话：0511-84440882)

序

农为邦本，本固邦宁。农业农村农民问题始终是党和政府工作的重中之重。

自 2018 年镇江市老区开发促进会、镇江市扶贫开发协会换届以来，调查研究成为扶贫"两会"六届理事会的重要职责。2019 年 12 月镇江市老区扶贫基金会成立后，搞好调查研究便成为扶贫"三会"退休或退居二线的老同志为各级党委和政府当参谋、献余热的重要方法。

近 5 年来，扶贫"三会"在完善组织体系、发挥组织功能、创建扶贫基金会的同时，围绕决战脱贫攻坚、决胜全面小康、推进乡村振兴、深化农村改革、实施"产业强市"战略，深入老区、深入实际、深入基层、深入农户，就"三农"工作的重点、难点、热点、焦点、疑点，广泛开展调查研究，察民情、闻民声、集民智，发现新情况、总结新经验、研究新问题、弘扬新风尚、宣传新典型，取得了一批新成果。全市扶贫"三会"系统完成调研报告 400 多篇，其中市本级完成 20 多篇，受到市、辖市区主要领导或分管领导的重视与批示，相当部分成果被转化为党委和政府政策文件、部门指导意见、基层工作举措，有的公开发表于国家、省、市级的报刊或网络媒体，有效发挥了老同志的政治优势、经验优势和威望优势，有力扩大了扶贫"三会"的社会影响力。2021 年，镇江市扶贫"三会"荣获全省脱贫攻坚先进集体，受到省委、省政府表彰；产业帮扶、消费帮促、基金会建设、调查研究、慈善公募和"革命老区县发展史丛书"成果转化等受到省扶贫"三会"的肯定和表扬。

《余晖》主要汇集了镇江市扶贫"三会"近 5 年的调研成果，这些文稿均经会长宦祥宝同志审核修改，文末附执笔人，反映情况真实，分析问题恳切，揭示一般规律，对指导"三农"工作有一定参考价值。

镇江市老区开发促进会
镇江市扶贫开发协会
镇江市老区扶贫基金会
2022 年 9 月

余晖

目录

决战脱贫攻坚

推进乡村振兴

深化农村改革

传承红色基因

决战

脱贫攻坚

产业扶贫的难点及路径思考[*]

十八大以来，镇江市开展的两轮脱贫攻坚"双达标"行动，采取了多种形式、综合了多项措施力促达标，其中，产业扶贫变以往送钱送物"输血"扶贫为"造血"富民，使经济薄弱村和贫困农户的收入大幅增长，扶贫工作成效明显。实践证明，这是一条需要坚定不移走下去的脱贫攻坚及乡村振兴的发展路径。但调查中也发现，这条路上仍有许多深层次的困难，需要统一思想，形成共识，排垒除障，砥砺前行。

一、产业扶贫的难点剖析

实践表明，产业扶贫是脱贫攻坚的根本举措之一，通过产业脱贫，可以全面打赢脱贫攻坚战，可以振兴乡村。正如习近平总书记在河北张家口考察时所指出的，"要把发展生产扶贫作为主攻方向，努力做到户户有增收项目、人人有脱贫门路"。可在实际工作中，产业扶贫却是最难做的事情。

自实施精准扶贫以来，尽管各地积累了一些产业扶贫的成功经验，但在不少地方还是存在"六难"：一是扶贫项目精准选择难。由于各地自然条件、资源禀赋不同，做什么项目难以选择，比如在第一轮脱贫攻坚"双达标"行动中，一些村的厂房、物业项目招商出租，迟迟不见效益；有些单位助建的广告牌长期无人承租。二是产业扶贫项目推进难。上面有政策、有资金，但具体到村时，囿于土地指标、环评、水电路等基础设施及技术等条件限制，难以实施，甚至无法承接。三是扶贫政策到位难。据了解，近两年市、辖市区财政扶贫资金下不去，资金闲置、

---

* 本文以"产业扶贫难在哪里"为题发表于《中国老区建设》2018年第10期，见第8—9页。

乡镇截留、张冠李戴、业务主管部门担当不够等问题都客观存在。四是产业项目形成效益难。这几年实体经济特别是低端产业处于困境，企业、商业、广告牌等项目很难达到预期效果，设施农业项目选择不恰当的甚至造成损失。五是农产品销售难。一些村盲目跟进发展应时鲜果、蔬菜、有机农业等高效农业项目，由于对技术掌握不准、对市场缺乏前瞻性和开拓能力，以致出现如水蜜桃、莴苣、有机大米等销售难问题，未能达到预期效益。六是利益联结机制落实难。一方面新型经营主体发育不全；另一方面运行不够规范，政策性项目资金到达后，很难惠及普通农户。

产业扶贫之所以存在"六难"等问题，除了个别地方领导不重视、政策执行不到位等原因外，主要还在于产业扶贫对接市场的能力不足。

第一，产业扶贫面临着自然风险、技术风险、市场风险。由于受宏观经济的影响，目前我国经济结构正在转型升级、深度调整，新产业、新业态、新模式层出不穷，许多企业、商业实体店生存艰难，产业扶贫倍受挑战。农产品市场是个完全竞争的市场，市场变化无常，农业结构调整周期又长，加之农产品生产中的自然风险和市场风险非政府和人力所能控制，很难准确预测，因而经常发生农产品滞销、贱销现象，导致产业扶贫惠农致富的理想变成了减收"伤农"的事实。不仅如此，农民大多习惯大宗农产品的种植养殖，对于高效、高质农产品生产中存在的技术难题，短时期也很难解决。因此，要求产业扶贫必须个个成功是很难的，这违背了客观经济规律。

第二，经济薄弱村领导缺能力、班子缺活力、群众缺凝聚力。经济薄弱村大都薄弱在无能人当家。能人外出创业就业，无人愿当村支书、村主任。加上多数村经过合并，部分村领导班子形不成合力。这几年尽管各地重视了村干部配备，但还是有相当部分村缺乏强有力的带头人，班子活力不足，办事能力不强，在群众中缺乏威信。大学生村干部一方面缺乏实战经验，另一方面不接地气，走读、借读现象较为普遍，其中不乏借跳板镀金的思想，有的被随意借用，处于打杂状态。由于村负责人层次不够，站位不高，对本村实际认识不清，发展方向不明，政策把握不准，工作方法陈旧老套，加之调控手段不足，因而，产业结构调整不快，对接市场能力缺乏，村级经济难以发展，扶贫帮困成无米之炊，

余晖

村容村貌改善不快，对于全面小康无能为力。

第三，贫困户缺知识、缺技术、缺经营头脑。镇江市地处经济发达地区，真正年轻力壮、有文化、有一技之长、有市场经济意识的，绝大多数都弃乡离土创业就业了。而贫困户基本上是没文化、不懂技术、缺乏经营能力的老弱病残者。可是产业扶贫的政策目标大都是针对有劳动能力并有一定经营能力的贫困户，希望他们通过政府扶持、小额贷款、技术支持、上产业项目来摆脱贫困。但在实际工作中，贫困户大多不能适应市场的变化和波动，有的产业扶贫项目即便短时间内有效，但长期来看基本是失败的。在农业已经市场化和国际化的今天，贫困户甚至一般的小农户乃至小型家庭农场是无法应对市场风险的。如在产业扶贫中，有的地方通过土地流转建了一定规模的塑料大棚，低偿或无偿租给贫困户种植反季节果蔬或养殖家禽，由于技术跟不上，又不了解市场行情，致使项目不能产生效益，甚至造成不必要的损失。

第四，新型农业经营主体培育不足、规范不够、带动不强。新型经营主体包括农业龙头企业、农民合作社、家庭农场、种植养殖大户和农业社会化服务实体。在产业扶贫中，重点是要培育并规范龙头企业、农民合作社和农业社会化服务实体。但在多数地区，家庭农场、种植养殖大户的带动作用有限，一方面是缺少龙头企业，也很少有规范的合作社，农业社会化服务跟不上；另一方面是龙头企业及农民合作社的带动能力都不强。龙头企业与农户多数是松散型的联合，且多局限在农业示范园区，与农民的利益联结不紧。合作社多数没有形成紧密型合作，且服务和经营项目太少，对贫困户的带动作用有限。

第五，政府扶贫政策效应低、经营主体带动意愿低、贫困户参与能力低。近些年来，镇江市在加大财政资金和挂钩单位资金扶贫力度的同时，广泛引进工商资本、民间资本、外向资本投资农业农村，参与扶贫开发。这对改善农村基础设施、发展农业产业化经营、促进农民增收发挥了重要作用。但在实践中我们也发现，有些龙头企业出于生产成本和盈利性考虑，对贫困户的主观带动意愿低。一些企业和合作社以扶贫的名义进入产业扶贫领域，享受着政府给予贫困户和贫困村的政策优惠，却未能与受扶者利益共享，富了"老板"穷了"老农"，致使扶贫政策普惠效应低。甚至有的企业或合作社片面追求利益最大化，对农产品压级压价，"剪羊毛"式侵害农民利益。此外，还因贫困户经营能力、谈判能力和对新技术、新品种、新农艺接受能力的障碍，而对发展新产业的参与意愿不高。形成了政府产业扶贫目标与市场经营主体效益目标及贫困村、贫困户脱贫致富目标的"同床异梦"，政策效应大打折扣。

二、产业扶贫的路径思考

这几年来，从中央到地方各级政府就产业扶贫已出台了一系列指导意见和政策措施，取得了积极成效，成功范例很多。这里仅就产业扶贫中存在的突出问题，思考其解决路径。

（一）大力培育新型市场经营主体

近些年来，新型市场经营主体发展迅速。可是在一些贫困地区，由于人才、资金等因素制约，发展明显不足。因此，贫困地区推进实施产业扶贫，必须大力发展新型市场经营主体。

1. 精心培育和引进龙头企业。立足本地区位和资源条件，大力招商引资，推动宜业发展。引进如"恒顺醋业""江苏润果""嘉贤米业""茅山人家"等类型的具有一定影响力和社会责任感强的龙头企业，培育并带动形成具有竞争力的农产品特色产业及产业群，使贫困户享有"温室效应"。引入的龙头企业要有责任担当意识，能够主动化解产业扶贫中的市场风险、技术风险和自然风险，从而使贫困户从"三大风险"中解脱出来，实现稳定的收入和可持续发展，进而实现稳定脱贫和接续致富。

2. 悉心规范运营农民合作组织。要按照《中华人民共和国农民专业合作社法》要求，在自愿联合、民主管理的基础上，规范组建运作合作社。大力推行"戴庄模式""五塘经验""杏虎村做法"，切实为本社成员提供农资购买、农产品加工、销售、运输、贮藏，以及与农业生产经营相关的技术、信息等服务，建立链接农户、与农民利益共享的合作机制，使合作社真正成为农民自己的组织。

3. 潜心培育新型职业农民。随着农村劳动力向城镇和二三产业的转移，镇江市农村关键农时缺人手、现代农业缺人才、新农村建设缺人力问题已呈普遍现象。培育新型职业农民，必须坚持"政府主导、农民主体、需求导向、综合配套"的原则，采取更加扎实有力的措施加以推动落实。在全市持续开展"十佳新型职业农民"评选活动，广泛宣传职业农民对扶贫帮困和乡村振兴的贡献，营造职业农民光荣的良好氛围。培育工作既要口惠实至，又须久久为功。着力培养和发展现代农业生产经营者队伍，壮大新型生产经营主体。

4. 真心鼓励吸引能人回乡创业。实践证明，能人回乡创业具有更强的稳定性和带动性。改革开放后的前几批外出打工创业者已经完成资本积累，有的正在转型升级、扩大投资。他们有故乡情结，有振兴家乡的愿望。要制定更具有吸引力的政策，鼓励本籍企业家、大学毕业生、退休干部和职工、退伍军人等能人回乡创业，带动人力资本和资金的投入，带动贫困户、小农户与现代农业发展有机衔接，带动乡村治理、乡风文明的提升，为城乡融合和乡村振兴做贡献，促进地方经济和社会事业发展。

5. 用心提升贫困户就业创业能力。要有针对性地加强对贫困户的技能培训，让他们获得一技之长，辅以政策、金融及精准对接挂钩扶持，使之具备就业创业条件。同时转变他们的思想观念，强化经营意识，努力把他们培育成为市场经营主体，这是解决贫困户持续脱贫致富的根本之策。要将公益服务岗位优先安排给此类贫困户，本地企业、农业园区、家庭农场、合作社优先吸纳这些贫困户打工，经过一段时间的实践锻炼，使他们中的一部分实现从雇员向具有自主创业能力的雇主身份转变。

（二）大力培育特色主导产业

主导产业对相关产业具有带动性、辐射性，对技术创新、提升市场竞争力具有推动作用，进而促进产业链和经营群形成，以带动农民增收。

1. 因地制宜培主业、上规模、求特色。特色主导产业是在特定的区位、资源、环境和历史文化条件下形成的。贫困村必须客观分析其资源优劣，扬长避短。聚焦发展中的瓶颈问题和薄弱环节，宜工则工，宜农则农，宜商则商，宜游则游，深度挖掘本区域历史文化遗产。如在农业上选择有一定生产基础、具有地方特色的主导产品，宜粮则粮，宜果则果，依靠科技进步，推进集约化、标准化和规模化生产，形成如句容戴庄有机农产品、西冯草坪、唐陵苗木、白兔草莓、丁庄葡萄、丹徒镇扬水产品、里墅茶叶、丹阳黄巷水芹、蒋墅茭白等"一村一品"特色区域。

2. 致力推进新产业、新模式、新业态。一是大力发展农产品加工业。农产品加工和流通多属劳动密集型产业，对贫困户带动性较强，但一直是镇江市的"短腿"，必须下大气力延伸产业链、健全价值链，提高农业整体效益。镇江市地处农产品产区与销区交汇处，具有农产品加工得天独厚的优势，现有"恒顺醋业""中储粮""江南面粉""正大油脂""金莲食品"等一批有实力、有基础的企业，完全可以打造食品加工产业集群，开发市场适销对路的产品。大力推广"生产基地+中央厨房+餐饮门店""生产基地+加工企业+商超销售"等产销模式，打通农业产业链条。二是大力发展乡村旅游。镇江市地处长三角城市群，乡村旅游发展空间大，贫困户可融性强，农民收入源头足。要充分发挥乡村各类资源富集的优势，利用"旅游+""生态+"等模式，推进农林渔业与旅游产业深度融合，打造各类主题乡村旅游目的地和精品线路，发展富有乡村特色的民宿和养生养老基地，如句容市生态环境优越、旅游资源丰富，可以打造春季赏浮山樱花、品白兔草莓，夏季采丁庄葡萄、宿农家庭院，秋季尝亭子板栗、观宝华枫叶，冬季服葛根养生、赴茅山祈福等系列活动，变生态优势为产业优势、经济优势。贫困村集体经济组织可以创办乡村旅游合作社，或与社会资本联办乡村旅游公司，切实改善涉及休闲农业、乡村旅游、森林康养等方面的公共服务设施条件。围绕有基础、有特色、有潜力的产业，建设一批产业、文化、旅游三位一体，生产、生活、生态同步改善，一二三产业深度融合的特色村镇。三是大力发展农村电子商务。积极推进信息技术与生产、加工、流通、管理、服务和消费各环节的技术融合与集成应用，完善农村互联网基础设施和物流体系，推动线上线下互动发展，实施"互联网+现代农业"行动，切实解决农副产品"种养易、销售难"的问题。

3. 积极促进三次产业大融合、能循环、生态化。农村一二三产业融合发展，有助于优化产业结构，提高农业供给侧质量，提升农业农村经济发展的质量和效益，更好地满足人民群众对美好生活的需要。句容茅山镇、白兔镇、丹徒世业洲、江心洲等地已经做了有益探索。因地制宜深度挖掘资源、生态、文化等多元价值和多重功能，依托区域特色、资源优势和文化差异，进行优势互补，推进多元化、多样化、特色化融合，循序渐进，培育农村发展新业态。将绿色发展贯穿于农村一二三产业融合发展各环节和产业兴旺全过程。以绿色发展引领产业融合，节约集约循环利用各类资源，积极发展绿色加工，优化产业布局，推动农产品从种养到初加工、精深加工及副产物利用无害化。鼓励支持农产品加工业与休闲、旅游、文化、饮食、康养、教育等产业深度融合，努力构建农村产业绿色发展的生态链、产业链、价值链，使绿色成资源、有价值、可开发、增效益、促民富。

（三）大力培育农产品（食品）品牌

品牌是信誉的凝结，品牌是质量的保证。现代农业绿色发展，靠品牌支撑，靠品牌提升竞争力。

1. 加快推行农业标准化生产。品牌的核心是质量，质量的关键在于标准化生产。必须坚持绿色发展理念，制定质量标准体系并坚持组织施行，全力实施农业标准化示范区建设和引带工程，强化农产品质量安全监管，夯实品牌发展质量基础。

2. 加大品牌创建主体建设力度。农产品品牌建设，最重要的主体是农业企业（包括合作社、家庭农场）等新型经营主体，特别是具有创新能力、策划能力、投入能力、市场开拓能力的龙头企业。一定要把培育壮大市场经营主体作为推动品牌发展的主力军，推动并鼓励农业企业开展资产重组和品牌整合，做大做强龙头企业。

3. 加强区域公共品牌塑造。农产品区域公共品牌建设是农产品品牌建设的重要内容，它有利于提升一个地区农产品的整体形象。要结合绿色食品、有机食品认证和地理标志农产品认证保护，打造一批国家级农产品区域公用品牌、全国知名企业品牌、大宗农产品品牌和特色农产品品牌。"镇江香醋""金山翠芽""白兔草莓""丁庄葡萄"就是农业公共品牌的典型代表。要通过品牌整合、基地融合，强化公共品牌的设计、运营、推广和管理，提高公共品牌影响力，把地方名特优农产品集体推向市场，一把伞众人打，同受益。

4. 加速品牌宣传推广。农产品品牌宣传主要靠企业、靠经营主体，但政府部门的宣传造势和推广也十分重要。要通过各类媒体广泛宣传地方特色精品、名牌农产品，强化展示展销，策划并举办各种农业节庆展会活动，组织企业参加全国农交会、农博会及省市举办的各类农产品展销会，不断提升、扩大品牌知名度和享誉度。

（四）着力健全利益联结共享机制

产业扶贫的宗旨基在农业、利在农民、惠在农村。必须构建多样化、多元化、多形式的利益联结共享机制，促进贫困小农户与现代农业发展有机衔接。

1. 让贫困户成为新型经营主体的主人。政府和基层组织要做好协调服务，在新型经营主体和贫困户之间牵线搭桥，建立利益共享机制。贫困户以农业工人的身份参与到农业产业化联合体中，让有劳动能力的贫困户更多地作为农业工人，而不是成为直接面对市场的经营者，这样不仅有助于新型经营主体减少用工矛盾，节约组织成本、建设成本、管理成本，也可以有效地保证产业扶贫的稳定性和可持续性。

2. 让贫困户成为扶贫政策的受惠者。要制定具体有效、针对性强的政策措施，引导并支持更多贫困农民加入农业产业化联合体和产业融合的实体之中，按照让农民"付出劳动、创造价值、分享利润"的原则，把劳动就业嵌入全产业链，将家庭经济融入全价值链，使农民收入体现在全利益链。新型经营主体享受的扶贫优惠政策应有相当部分量化给贫困户，让他们以股份形式参与分红，对贫困农民做出特殊贡献的要给予期权激励。通过就业带动、绩效挂钩、保底分红、股份合作等多种形式，健全并规范利益联结机制，推动贫困户参与产业链、融入价值链、分享利益链。

3. 让贫困户成为社会保障的受益者。让人民群众共享改革发展成果是我们永远不忘的历史责任。"让贫困人口和贫困地区同全国一道进入全面小康社会是我们党的庄严承诺。"对于在新型经营主体就业的贫困户劳动力，应落实政府相应的就业扶持政策，政府"兜底保障"政策亦应适时介入，新型经营主体应为贫困户农业工人提供基本的社会保障，政企联手按照城乡统筹、企业化管理原则为他们建立社会保障账户，切实解决这部分弱势群体的后顾之忧。

三、产业扶贫的保障措施

从产业扶贫的实践看，人才、项目、合作、保险是影响扶贫成效的关键，需要各级政府工作上加大力度，政策上予以保障。

余晖

1. 进一步加强"双强"型村班子建设。农村富不富，关键在支部；支部强不强，主要看班长。一个好的带头人是成就农村小康的关键。选配、锻造致富带富能力强、服务群众能力强的"双强"型村党组织书记队伍显得十分紧迫和重要。调查中发现，贫困村之所以发展不快，村书记、村主任对村情实际认识不清，提不出发展思路，排不出发展项目，找不到解困举措，能力不足是最大问题。这几年配备的村第一书记，"走读"型、"镀金"型不乏其人，且大部分对"三农"不熟悉、缺感情，很难沉下心去研究、实践。大学生村干部也有相当比例被镇、街道借用，或有过渡、跳板思想。因此，必须研究制定能扎得了根、带富力强、对"三农"有感情、服务态度好的村书记队伍的政策措施。

2. 进一步加强项目管理与绩效考核。近几年来，各级财政资金扶贫力度不断加大，为产业扶贫注入了强劲动力。但也同时存在扶贫资金与产业项目对接不够、项目安排分散重复、管理不够科学透明、项目管理者缺乏担当、资金使用效益不高、项目对贫困农户带动性不强等突出问题，有必要进一步健全并强化项目管理考核机制。要科学选择产业项目，实施精准对接；要突出重点予以支持，不能小而散；要统筹协调，落实责任；要强化过程管理，实施动态调整；要健全利益共享机制，注重考核项目带动性。既要完善项目决策、管理、实施各环节的问责机制，也要区别对待建立容错纠错机制。真正让项目下得去，效益上得来，效果显出来，效率提上来。

3. 进一步提升农民合作化水平。分散经营的小农户在镇江市农业农村中仍占主体地位，并将长期存在。小农户在社会主义市场经济条件下普遍遇到了卖难、买难、贷款难、掌握现代农业技术难等诸多经营性难题。推动小农户与现代农业有机衔接是促进产业扶贫的重要举措和乡村振兴的基本要求，实现小农户与现代农业有机衔接的基本途径是最大限度地提升农民合作化水平。在大力培育新型农业经营主体、规范运营农民专业合作社的同时，可借鉴日韩农协、我国台湾地区农会经验，按行政区域自村到县乃至市组建综合性农民合作社或者农民合作联社，实行生产合作、供销合作、信用合作"三位一体"的产销模式，为小农户提供农资购买、技术指导、产品销售、电子商务、金融保险及耕、种、管、收、烘、贮、运、加等农业社会化服务。同时各个服务业务之间力求相互支撑，比如，合作金融服务可以为生产和购销环节提供资金支持，而生产与购销服务可以为合作金融业务防范系统性风险。其核心机制是，各个经营环节产生的利润，最终都归参与合作社的农户共享，用于为小农户提供各种服务。这对于彻底解决小农户特别是纯农户相对贫困问题意义重大。

4. 进一步健全农业保险机制。由于农业承受着自然与市场的双重风险，必须建立健全以政策性保险为主、商业性保险为辅的农业保险体系，同时开拓与利用社会力量来化解农业风险。这不仅能降低生产经营者的风险，还能提高各级金融机构对投保农户的信心，进而加大对"三农"工作的支持力度。要增加对区域性特色农业的保费补贴；优化财政支农惠农资金投入结构，将部分种植业、养殖业的财政补贴资金转化为农业保险补贴，放大财政资金使用效果。要加大农业保险的宣传推广力度，提高农民的投保意识，最大限度地减轻农民因灾、因市场过度波动造成的损失。

（屈振国）

市委主要领导批示：

请市农委研究。

2018. 7. 14

市委分管领导批示：

农业新型经营主体培育很关键，亦请农工办阅研。

2018. 7. 15

市政府分管领导批示：

市老促会调研报告很全面、客观，请市委农办、农委、扶贫办认真阅研，吸收借鉴。也请市老促会更多发挥协会优势，帮助引进、培育行之有效的扶贫项目。

2018. 7. 20

余晖

巩固拓展脱贫攻坚成果
建立健全防返贫工作机制

——对丹徒区建立防返贫机制落实情况的调查

高水平全面建成小康社会，最艰巨、最繁重的任务在农村，最大的短板和难点在农村贫困人口。镇江市在 2019 年已全面完成脱贫攻坚任务，2020 年进入巩固脱贫攻坚成果、接续推进乡村振兴的新阶段，农村防返贫、缓解相对贫困情况如何，直接影响着乡村振兴进程和成色，为此，市扶贫"三会"会同丹徒区扶贫"三会"就脱贫攻坚任务完成后建立健全防返贫工作机制落实情况进行了调查。

一、建立了防返贫工作机制

在中共丹徒区委、区政府的领导下，通过多方协同，聚焦重点难点、靶向发力、精准施策，2019 年丹徒区与全市同步圆满完成脱贫攻坚目标任务。全区 43 个经济薄弱村、1585 户、3196 人建档立卡低收入人口全部达标脱贫，村累计达标率、户累计减贫率均达 100%，全面实现"强村富民达新标"行动"双八"（经济薄弱村年稳定集体收入 80 万元，低收入人口年均可支配收入 8000 元）目标。2020 年 6 月，丹徒区政府针对防返贫、解决农村相对贫困问题制定了《丹徒区防返贫机制》（镇徒政发〔2020〕19 号）。

1. 确立防返贫机制的主要目标。一是建立防返贫监测机制。能够及时、有效地掌握全区建档立卡脱贫户和其他因病、因灾、因安全事故等存在贫困风险的非贫困户基本信息；二是建立精准防返贫机制。能够有针对性地细化扶持政策，逐村逐户精准落实帮扶举措，防止边脱贫边返贫和新的贫困人口发生。

2. 明确防返贫机制的主要对象。一是非贫困低收入户。即不在建档立卡范围内，不享受扶贫政策，但家庭收入较低、贫困发生风险较高的农户，特别是非建档立卡低保对象和特困人员家庭。原则上家庭人均可支配收入仅为省定贫困线标准1.4倍以内（含1.4倍）；且已实现"两不愁三保障"的确定为非贫困低收入户，未实现"两不愁三保障"的，按程序进行贫困户识别。二是非持续稳定脱贫户。即已脱贫但脱贫成果不稳定、持续稳定增收能力不强的脱贫户。对所有建档立卡脱贫户，在落实省委省政府《关于打赢打好脱贫攻坚战三年行动的实施意见》（苏发〔2019〕23号）各项措施基础上，原则上以当年核定的家庭年人均可支配收入低于省定贫困线标准的，纳入防贫台账重点监测。三是非建档立卡的低保户、五保户、重病户、重残户、危房户、孤寡老人户等因遭受自然灾害、意外事故、重大变故造成收入骤减或者支出骤增的农户，参照以上情况纳入防贫监测范围。

3. 落实六级责任体系。为进一步巩固"强村富民达新标"行动成果，全面打赢脱贫战，区扶贫领导小组印发了镇、村、帮扶责任人结对帮扶方案，明确了各级责任人，各镇（街道、园区）党工委书记为第一责任人，分管领导为第二责任人，具体负责扶贫工作人员为第三责任人，村书记为第四责任人，村组扶贫工作人员为第五责任人，帮扶责任人为第六责任人。

4. 实施精准防返贫举措。一是强化政策保障。切实落实有关农民基础养老、低保、五保和医疗等方面的政策，保持政策的连续性，明确延续政策的内容范围，继续完善重点领域部分政策，特别是农村公益性岗位援助、确保困难子女完成学业等。二是落实特别救助。对因病返贫对象，参照医保部门扶贫政策划定的支出项目、报销条件，经基本医疗保险、大病保险、医疗救助等按规定支付后，个人负担的合规医疗费用较高，影响正常生活的，超出部分可实施医疗特别救助；对家庭有全日制高中或大、中专院校就读学生的防贫对象，参照教育部门扶贫政策，按规定享受相关救助政策后，家庭支付学费、住宿费、教科书本费等基本费用较高影响正常学业的，超出部分可实施教育特别救助；住房按照查漏补缺的要求，发现有新增危房，住建部门及各地及时做好鉴定和改造，待改造结束且通过验收后，实施特别救助。三是推动产业帮扶。建立新型农业经营主体带动相对贫困户的利益联结机制。通过政策引导，将产业扶贫与帮扶相挂钩，鼓励龙头企业、农民合作社、家庭农场等新型农业经营主体，通过吸纳相对贫困人口就业、土地经营权股份合作等方式，带动困难群众稳定脱贫。积极推进农村集体产权制度改革。将农村集体经营性资产以股份或者份额的形式量化到集体成员，探索设立"公益股""扶贫股"，发展多种形式的股份合作，保障相对贫困户获得收益和共享发展机会。扎实推进"资源变资产、资金变股金、农民变股东"改革。盘活农村集体资源、资产和资金，激活农村各类生产要素潜能，采取"经营主体+基地（集体）+相对贫困户""乡村旅游+集体+相对贫困户"等多种形式，发展股份合作，着力发展现代农业、壮大薄弱村集体经济、增加相对贫困户收入。加强职业技能培训。搭建相对贫困劳动力和用人单位对接平台，积极开发适合相对贫困劳动者的公益性岗位、居家就业岗位和辅助性岗位，吸纳更多相对贫困劳动者就业。

二、落实防返贫机制取得明显成效

丹徒区认真落实中央、省、市各项扶贫政策，细化帮扶措施，扎实做好相对贫困群体动态监测，建立起由镇主要领导为第一责任人的镇、村、帮扶责任人三级责任体系，全面压实责任，帮扶结对到户，防返贫效果十分显著。

1. 动态管理"两类人群"。按照省、市要求，全面开展脱贫成果"回头看"工作，核实各镇（街、园区）"两类人群"，其中脱贫不稳定户208户452人（人均收入8000~9000元），边缘户5户14人（人均收入6000~9000元）；已全部录入国家扶贫系统，实行"一户一策"，加强防返贫监测。截至2020年10月底，已落实帮扶措施213户466人，其中就业扶贫28人，公益性岗位3人，资产收益扶贫12人，基本生活救助109人，专项社会救助150人，急难社会救助111人，其他53人。

2. 保障住房安全基本到位。对乡镇上报的43户建档立卡危房进行了逐户核查鉴定，其中3户基本住房不属于危房，确定40户建档立卡对象住房为危房，对36户实施了改造，对4户进行了妥善安置，并通过住建部门验收，区级共拨付补助资金27.07万元。同时，开展动态监测，及时发现，及时改造，目前，全区未发现建档立卡户基本住房存在安全隐患。

3. 提高医疗健康保障水平。建立"社会医疗保险+大病保险+社会救助+慈善助医"社会保障制度体系，实现区级定点医院"一站式"结算平台和"先救治后付费"服务，相对贫困家庭签约服务率98%以上。建立相对贫困人口30种大病患者救治台账，实行包干到户，责任到人。确定大病区内救治定点医院（区人民医院、中医院），并成立了专家组，目前区内定点医院可救治16种大病，均制定了诊疗方案和临床路径。根据全区各医疗机构上报信息，全区登记30种大病患者374人，区内定点医疗救治25人。同时，对所有未参加职工医疗保险，符合政府代缴的建档立卡低收入人口进行居民医疗保险参保登记、代缴工作。2020年建档立卡低收入人口享受医疗救助待遇人数4218人，救助次数79550次。据阳光扶贫平台数据，基本医保已补偿费用2122万元，医疗救助实际补助594万元，医疗救助人员政策范围内门诊医药费综合报销比例90.3%，住院医药费综合报销比例91.1%，高于省规定门诊80%、住院90%的补偿标准。

4. 教育保障基本实现全覆盖。对建档立卡等几种类型的家庭经济困难学生进行全面梳理，对于符合资助条件的建档立卡学生按本学段最高标准予以资助。全区未出现建档立卡对象家庭子女义务教育阶段失学、辍学现象。2020年，全区共补助各阶段建档立卡学生862人次，资助金额68.3万元。

5. 政策保障全兜底。对符合特困人员认定条件的重点对象，及时将其纳入特困人员救助供养，对不符合救助条件但生活确实困难的建档立卡户给予临时救助，对完全丧失劳动能力的建档立卡人口，参照单人户纳入"单人保"。

6. 保险助力防返贫。为了防止两类人群出现返贫、致贫的情况，引入商业保险，与中国太平洋财产保险股份公司镇江中心支公司签订服务协议，共投入58.302万元，为全区建档立卡户、边缘户共3239人购买防返贫保险，减轻因病、因残、因学、因灾等情况的支付负担。目前已将返贫保险告知书发放到建档立卡户和边缘户的手中，第一批"防贫保"共为全区17名建档立卡户子女入学中等以上学校的学生送去了

39000 元扶贫助学补助。

7. 慰问救济特困、突发返贫户。近年来，丹徒区区扶贫"三会"借国家扶贫日、建军节、春节等节日，对区内特困户、因病因灾突发返贫户和新中国成立前参加工作的困难老党员、老军人、村老干部给予慰问救济。2020 年对全区 133 户相对贫困户进行走访慰问，发放慰问金13.3 万元。在 10 月 17 日国家扶贫日，由区政府办和区扶贫办牵头，区扶贫"三会"、区慈善总会、区团委、区妇联、区残联、区红十字会、区志愿者协会等部门在上党镇集中走访慰问 20 户建档立卡低收入困难户，送去棉被 20 床，电饭煲 20 只，生活用品价值 29000 元，慰问金20000 元。

三、防返贫工作任重道远

丹徒区落实防返贫机制成效是显著的，但产业扶贫中的销售难、新冠疫情等突发事件引发的就业难、因病因灾偶发事件的支出性贫困还会长期存在，防返贫任务依然艰巨。

1. 部分脱贫户存在返贫风险。丹徒区的建档立卡户中因病、因残致贫的比例较高，这类人群的收入有限，多数是靠企业、单位等团体、个人帮扶慰问，以及政府兜底才得以脱贫。2020 年 2 月，丹徒区对建档立卡户中的一般贫困户进行了筛查，慰问金和赡养费较高的有 245 户 443人。其中慰问金在 1000 元及以上的有 170 户 312 人（1000~1999 元的有116 户 212 人，2000~2999 元的有 27 户 53 人，3000 元及以上的有 27 户47 人），慰问金在 1000 元及以下，但赡养费在 1000 元及以上的有 75 户131 人（1000 元及以上的有 6 户 8 人，2000 元及以上的有 8 户 17 人，3000 元及以上的有 10 户 13 人，4000 元及以上的有 11 户 20 人，5000 元及以上的有 40 户 73 人）。这部分人若没有慰问金或赡养费用，有可能会返贫。另外，受年初新冠疫情影响，部分劳动力留守家中，约有 300人无法外出打工，家庭收入受到了一定的影响。

2. 医疗保障力度仍需进一步加大。建档立卡户在门诊看病时的报销比例较低，现在建档立卡户在门诊看病时的报销比例仅为 50%，而建档立卡户中因病、因残致贫的比例又相对较高，导致本就困难的家庭又增加了支出。另外，现在建档立卡户看病的定点医院较少，且定点医院又缺少门诊病种的一些药品，建档立卡户还需要去药店购买，出现了配不到药、配不齐药、支出加大的情况。

3. 产业扶贫"最后一公里"亟待疏通。一是部分扶贫项目未达预期收益。比如 4 个为高资街道的村集中购买物业用房的项目，2017 年申报实施，到 2020 年三季度还没有完成验收；上党、宝堰部分广告牌难出租、收益低。二是农产品丰产难丰收。江心洲是镇江市柑橘生产基地，可每年春柑橘都已开花了，上年度部分柑橘还挂在树上。该园区益平村满江红果品合作社每年约有 15% 的柑橘未能变现。

4. 村级集体经济需要持续壮大。调查了解到，部分村集体经济收入并不稳定，特别是稳定性经营收入占比有相当部分村不到 70%，而刚性支出超过了稳定性收入，这些村在改善民生、提供公共服务方面还心有余而力不足。

5. 阳光监管平台信息录入仍不能松懈。部分帮扶责任人缺乏走访积极性，工作不主动，信息录入的准确性不高，上传的图片尚有部分不符合要求，比如只有空房子照片、帮扶责任人的照片，没有建档立卡户的照片等。

四、对进一步健全防返贫工作机制的几点建议

在中央农村工作会议上，习近平总书记强调，要坚决守住脱贫攻坚成果，做好巩固拓展脱贫攻坚成果同乡村振兴有效衔接，工作不留空档，政策不留空白。要健全防止返贫动态监测和帮扶机制，对易返贫致贫人口实施常态化监测，重点监测收入水平变化和"两不愁三保障"巩固情况，继续精准施策。对脱贫地区产业帮扶还要继续，补上技术、设施、营销等短板，促进产业提档升级。

1. 强化脱贫成果核查，确保村情户情真实。建议由扶贫办牵头，会同教育、民政、卫健、住建、人社、纪委等相关部门，通过走村入户调查、电话抽查等方式，对经济薄弱村、建档立卡户和边缘户 2020 年度收入进行全面核查，列出重点关注村和人群，制定帮扶措施，明确责任主体，继续进行帮扶。

2. 健全防返贫机制，巩固脱贫攻坚成果。严格落实"两不愁三保障"要求，重点关注因病、因残或因灾等返贫群体，制定兜底保障措施和防返贫机制，开发公益岗位，强化医疗保障，落实低保、五保、基保等提标政策。聚焦达标基础不稳定的村集体，加强动态监测，多措并举，通过资金入股、资产增值、资源开发、统一运营、做大产业等多种形式，有效提升村集体经济"造血"功能。

3. 加强多方联动，缓解相对贫困。一是充分发挥涉农部门职能作用，整合各类财政资金，为村集体上项目，发展壮大村集体经济；二是深入开展村企联建、合作共赢活动，引导更多城市资金、工商资本、社会组织共同参与开发农业，支持农村；三是根据新形势新要求，完善建档立卡，用足用好政策，促进低收入群体持续增收。

4. 做实产业扶贫，保障低收入户稳定增收。据丹徒区统计，获得产业扶贫收益的有 640 户，占建档立卡总户的 40.38%，以土地租金、土地分红收入占比在 1%～10% 的 474 户，平均 1405.45 元，30% 及以上的 15 户，最高的占 76.83%。由此可见，产业扶贫中，户数占比并不高，收入占比也不高，且多数村集体扶贫项目为购买物业用房，带动贫困户致富的途径和渠道较少。为此，我们建议，鼓励龙头企业、农民合作社、家庭农场等新型农业经营主体，通过吸纳贫困人口就业、土地经营权股份合作等方式，带动相对贫困群众稳定脱贫。积极探索设立"公益股""扶贫股"，发展多种形式的股份合作，保障贫困户获得收益和共享发展机会。着力盘活农村集体资源、资产和资金，激活农村各类生产要素潜能，采取"经营主体+基地+相对贫困户""乡村旅游+村集体+相对贫困户"等多种形式，发展股份合作，着力发展现代农业、壮大薄弱村集体经济、增加相对贫困户收入。

5. 稳定帮扶政策，确保不出现批量性返贫。党中央决定，脱贫攻坚目标任务完成后，设立 5 年过渡期。过渡期内要保持主要帮扶政策总体稳定。对现有帮扶政策逐项分类优化调整，合理把握调整节奏、力度、时限，逐步实现由集中资源支持脱贫攻坚向全面推进乡村振兴平稳过渡。这是"十四五"期间"三农"工作特别是防返贫机制的基本遵循。我们建议，"十四五"期间，对脱贫村和脱贫群众"扶上马送一程"，在财政支持乡村振兴资金中，继续安排一定比例的防返贫、缓解相对贫困资金，接续支持经济薄弱村特别是茅山革命老区发展产业、建设基础设施、改善公共服务等；驻村第一书记不能撤，对口帮扶机制不能变；

健全农村低收入人口常态化帮扶机制，及时发现致贫返贫问题，分层分类做好帮扶救助，切实保障好基本生活，关注达标边缘的村和农户，确保不出现批量性返贫现象。

（屈振国　魏兴来）

市委主要领导批示：

　　此调查报告既有典型性，也有启发性。感谢以祥宝同志为会长的全体扶贫"三会"同志们的努力。必须坚决守住防返贫的底线，逐步走向共同富裕的幸福生活。

　　请农业农村局（扶贫办）及时总结推广。

　　常委会适时安排听取扶贫"三会"的工作汇报。

2021.2.28

市委分管领导批示：

　　该报告写得非常好，摸实情、说实话、提实策，对做好当前"三农"，完成做好脱贫攻坚与乡村振兴有序衔接，让党的政策不出空档、不留空白，走好共同富裕路有很好的研究借鉴意义，有利于我们更好地做好"三农"工作，让农民群众满意。感谢市扶贫"三会"！丹徒区在脱贫攻坚和防返贫方面做了大量积极有益工作，成绩突出。但也要客观冷静分析形势及现状。对仍然存在的困难及问题深入思考，攻坚克难，改革创新，拿出新招真招，解决返贫问题，希望能够创出经验、闯出路子，为防返贫工作提供新的路径和方法。也请农业农村局及市委办相关处室研究思考，提出良策，并请在我市农村工作会议文件中有所体现。请丽虹同志、刘璇同志阅示。

2021.3.1

对解决相对贫困问题的思考*

2019 年，镇江市村级集体经济与农村低收入人口已分别达到年纯收入 80 万元和 8000 元，全面完成脱贫攻坚"双八"目标任务。但在实际生活中，相对贫困依然存在，并将长期存在，发展不平衡、不充分，社会保障体系不完善等因素是产生相对贫困的主要原因。如果说 2020 年是以巩固脱贫攻坚成果、防返贫为主要任务，那么"十四五"期间，镇江市脱贫工作的重心将从消除绝对贫困转向解决相对贫困。相对而言，相对贫困问题的治理责任更重大，任务更艰巨，面临的问题也更复杂。为全面建设高水平小康社会，并从根本上解决贫困问题，寻求解决相对贫困的长效机制已成当务之急。

一、科学制定符合镇江市实际的相对贫困标准

解决相对贫困问题，就是要让一部分中低收入群体全部达到基本生活水准以上，消除低收入家庭和个人在就业、教育、医疗、住房、养老等方面的困难。全面建成小康社会之后，解决发展不协调、不平衡和不充分的问题，聚焦相对贫困就等于抓住了解决这些问题的切入点和突破口。划定相对贫困线的一般做法是与社会平均收入按一定比例挂钩，通常是把人口的一定比例确定为生活在相对贫困之中。相对贫困实际上也称临界贫困，是指那些收入很接近但高于绝对贫困线，当受到外部影响时，其收入水平极易滑落到贫困线以下的贫困情形。比如，美国是将低于家庭年收入中位数的 40% 作为贫困线，有些国家则把低于平均收入40% 的人口归于相对贫困类别；世界银行的看法是收入少于平均收入 1/3

---

* 本文 2020 年 5 月 9 日在中国老区网"调查研究"栏目发表；发表于《中国老区建设》2020 年第 8 期。

的社会成员便可以视为相对贫困。按每天支出购买力计算，世界银行现在有三个贫困线标准，分别是 1.9、3.2 和 5.5 美元，以汇率 1∶7 计算，折合人民币为年纯收入 4855、8176 和 14053 元，分别对应低收入国家、中等偏下收入国家和中等偏上收入国家。2019 年，镇江人均 GDP 128979 元，折合 18426 美元，按照购买力平价计算，相当于中等偏上收入国家。据国家统计局镇江调查队监测资料，镇江市农民人均可支配收入为 26785 元，如果按照低于平均收入 40% 计算，镇江市农民的贫困线是 10714 元；按五等分可支配收入计算，镇江市农村低收入户平均收入为 12985 元，收入水平低于农村平均数的人口比例占 65.2%；镇江市农村的低保标准是 8190 元。因此，解决镇江市的相对贫困，应当重点针对年收入处于 8190~14053 元的低收入人口，并随着平均收入水平的提高，按比例作动态调整。据监测资料测算，全市 8000~14000 元的农户，占比 15.8%，平均收入为 11209 元。句容市扶贫协会下蜀分会对 10 户贫困边缘户的入户调查进一步得到了验证：人均收入在 10000~12000 元，家庭经济较为拮据，共同特点是劳力少，技能少，残病多，子女教育开支大，基本处于支出型贫困状态。可见，解决相对贫困任重道远。

二、有效解决相对贫困的主要措施

绝对贫困消除后，扶贫工作的重点应当从主要解决收入贫困向统筹解决支出型贫困、能力贫困转变，从主要依靠"三农"资源向统筹城乡资源协调推进扶贫开发转变，从主要依靠政府推动向构建政府、社会、自身相结合的新型减贫治理格局转变，不断深化改革探索，创新扶贫开发体制机制，完善专项扶贫、行业扶贫、社会扶贫"三位一体"扶贫格局，建立健全解决相对贫困的长效机制。

1. 坚持扶贫减贫政策的连续性。一是保持救济性扶贫政策稳定。持续开发公益性扶贫岗位和发展型保障项目，为低收入农户提供就业岗位，保障他们的收入稳定；二是强化保障性扶贫政策。创新多样化的扶贫政策保险，防范低收入群体的人身、财产风险，增强其风险抵御能力，降低因灾返贫概率；三是突出能力提升性扶贫政策。着眼于提升农民增收能力的长效机制建设，根据低收入人口所拥有的资源条件及其知识、技术能力，有针对性地采取给予资金、技术、资源、机会等支持措施，帮助他们获得经济持续增长的本领。

2. 夯实多元化产业增收机制。产业是带动低收入群体发展的必要条件，只有通过发展产业，使得低收入群体收入增收速度及增长幅度高于其他收入群体，缓解相对贫困才可预期。一是做特乡村优势产业。充分依托本地区特定的气候、资源、区位等客观实际，按照优质化、标准化、规模化要求，建立"一村一品""特色小镇"基地，培育区域特色农产品公共品牌，打造"原产地"一县一主导增收产业；二是做强农产品加工业。农产品加工一直是镇江市的"短腿"，要千方百计拉长农业产业链条，根据地方特色，建设农产品（食品）加工园区，提高农产品的附加值，加快全产业链、全价值链建设，提升农产品加工带动农民就业增收能力；三是做实市场营销和消费扶贫。大力发展农产品电商，建设线下实体市场，加强镇村快递物流配送站点和仓储保险、冷链体系建设，积极培育农产品经纪人队伍，建立健全农超、农企、农教、农政对接机制，打造扶贫协作"升级版"和消费扶贫"快车道"，通过"菜篮子""米袋子"生产基地认定认证、龙头企业带销、电子商务营销、展会商会展销等方式，广泛动员社会力量参与消费扶贫，促进相对贫困地区产品变商品、资源变资产、收成变收入；四是做精一二三产业融合。依托特有乡风民俗、历史资源、文物古迹等文化财富，发挥农业多功能性，发展乡村特色旅游产业，推动城乡资源流动，一二三产业融合，促进乡村经济再生，形成多产业共生互促发展模式，将乡村产业打造成为持续增收之源，不断缩小收入差距，缓解相对贫困问题。

3. 推进城乡基本公共服务均等化。基本公共服务的不均衡体现了收入和生活水平的差异，也是相对贫困产生的重要因素，缩小城乡公共服务差距是解决相对贫困的重要内容。要统筹城乡规划，加快建立城乡融合发展的体制机制和政策体系，将农村公共服务优先列入各级政府民生实事工程，推进城乡重大民生资源均衡配置。补足农村基本公共服务短板。继续加大优质教育资源向农村倾斜的力度，相应提高低收入群体的教育水平，促进义务教育均衡发展；进一步提高合作医疗和医疗救助水平，扎实推进医保和预防城乡统筹、接轨，对重点医疗救助对象实行"二次救助"，建立健全因病致贫返贫保障体系，提高低收入群体的健康水平；加速推进综合性村属文化设施管养，弘扬乡风民俗，满足低收入群体日益发展的精神需求。强化农村公共基础设施建设。加强农村道路建设的标准化和规范化，完善农村路网结构以满足人流物流的交通需要；夯实农村水利工程，保障农业有效灌溉，提高防洪抗旱能力；推进新农村、小城镇建设进程，大力开展农村人居环境治理，提升农村社区绿化水平，实现农村危房改造全覆盖，增强农民居住条件的舒适性。不断营造良好的农村生活环境，提升低收入群体的生产生活条件。

4. 注重激发低收入群体内生动力。低收入群体是解决相对贫困问题的主体，制度化地激励其自身积极性是解决相对贫困问题的关键。一是引入竞争激励机制。通过生产奖补、项目补助等激励措施与低收入群体利益挂钩，对具有脱贫积极性和脱贫成果显著的家庭给予物质和精神奖励，并对习惯性依靠政府的"因懒致贫"群体减少支持，逐步改变其"等、靠、要"的惰性思想；二是提供岗位定制技术培训。根据低收入农户实际需求，精准开展面对用工岗位的系列就业创业技术培训，培养低收入群众发展生产和务工经商技能，提升他们的能力素质，组织、引导、支持低收入群众用自己的辛勤劳动实现脱贫致富；三是增强低收入群体自主脱贫致富意识。坚持扶贫和扶志、扶智相结合，培养低收入群众依靠自力更生实现脱贫致富的意识，实现"精神脱贫"，深入推进"造血"式扶贫，激发相对贫困人口摆脱贫困的内生动力。

5. 坚决阻断代际贫困传递。根据低收入群体所处的年龄段，精准施策，因户制宜，采取"父代救助、己代增收、子代教育"减贫策略，切实隔阻贫困传递，减缓相对贫困的代际固化。一是完善父代救助。对于丧失劳动能力或老龄低收入群体，进一步完善养老、医疗等保障性政策，给予其"应保尽保"救济，使其能够老有所依，避免给子女造成过度负担；二是促进己代增收。对于有劳动能力的低收入群体，增强其致富意识，让他们自食其力，通过政府提供岗位、技术、资金等，不断提高其就业积极性与创收自主性，坚决遏制其惰性惯性；三是加强子代教育。要特别重视低收入家庭的子女教育，既要从思想上克服他们的自卑心理，增强其脱贫致富愿望，又要防止因贫辍学，千方百计提高他们受教育年限，特别是要让他们掌握一技之长，防止贫困在子代延续，有效切断代际性长期贫困，切实降低低收入群体再次落入贫穷的窠臼。

余辉

三、切实保障解决相对贫困措施的落实

1. 加强组织协调。解决相对贫困是一项长期复杂的系统工程，要进一步加强组织领导，协调各方以更大的决心、更明确的思路、更精准的举措、超常规的力度，精准施策，将巩固脱贫攻坚成果、防返贫与解决相对贫困问题紧密连接，小农户生产与发展现代农业相对接，决胜小康与乡村振兴相衔接；进一步加大政策支持力度，在加快基础设施建设的同时，形成产业扶贫、金融扶贫、科技扶贫、信息扶贫、教育扶贫、就业扶贫、文化扶贫、医疗扶贫、减灾扶贫等解决相对贫困的多层次资源支撑和保障。

2. 保障要素投入。"十四五"期间，要保持"十三五"期间要素投入力度不减。一是财政投入。按照资金、任务、绩效、责任"四个统筹"思路，深入推动涉农资金整合，强化脱贫减贫和乡村振兴资金支持。二是金融投入。组建金融支农联盟，推广"政府+银行+保险"融资模式，确保涉农贷款稳定增长。三是土地投入。探索"点状"供地政策，对农村新业态、产业融合发展用地应保尽保；建设城乡土地统一市场，完善土地有序流转机制。四是人才投入。创新人才"上山下乡"政策，继续派驻村"第一书记"，培育乡村创业致富带头人，推行农村科技特派员制度。

3. 鼓励社会参与。正确处理好解决相对贫困过程中政府主导、多元参与和农民主体间的减贫合作关系，积极引导社会力量协同解决相对贫困问题，拓宽社会资本参与解决相对贫困的共建共享共治机制。一是搭建多种社会力量参与的减贫平台。坚持政府主导和政社合作原则，持续以落地可执行的政策支持，激发社会资本的动力和活力，引导社会资本有序地在镇村工业园投资建厂，兴办农业企业、农民合作社等新型农业经营主体，激励有能力的"新乡贤"回乡创业，拓宽市场主体和各种社会力量参与相对贫困治理平台的搭建，健全多元投入保障机制。二是引导多种社会力量协同治理相对贫困。广泛动员社会力量参与扶贫、扶老、助残、救孤、助学等扶贫济困活动，统筹完善社会救助、社会福利、慈善事业、优抚安置等制度，融合各种社会力量，从生产生活和社会民生等多领域着力提高农民家庭收入，带动农村经济增长，推动不同群体间的平衡发展，为解决相对贫困贡献力量。三是保障多元社会资本共享发展成果。以经济增长、农民收入明显提高为愿景，最大化消弭城

乡、区域、群体间的生产生活差异，推进公共服务均等化，推动政治、经济、生态、文化等成果的互构共享，实现共同富裕。

4. 壮大村级经济。强化基层组织建设，把配强村书记作为"牛鼻子"工程，发展壮大村级集体经济，为老弱病残妇等低收入群体就近提供就业岗位，改善生产生活基础设施，为农户提供更好的公共服务，为解决相对贫困提供一线支撑，带动农民均衡致富。一是发展资产型经济。对扶贫资产进行清产核资，界定资产权属，做好登记管理，明确运营主体、监管主体、利益分配，实行滚动投资，通过社区股份合作，发展物业、楼宇经济，保障扶贫资产保值增值。二是发展资源型经济。根据各村资源禀赋，开展农业资源开发，乡村旅游，培育新型农业经营主体，因地制宜地推广"村社合一"的戴庄模式或组建农民合作联社，推进土地流转和规模经营。三是发展服务型经济。深化农村生产经营、商品流通体制改革，组织低收入农户组建社会化服务实体，开展耕、种、管、收、储、运、加、销等托管、订单式全产业链服务，拓宽持续增收渠道。

5. 强化监测预警。建立健全低收入群体信息数据库，加强对相对贫困群体收入、生活质量状况的动态监测预警，动态调整相对贫困对象；对符合低保条件的困难家庭做到应保尽保，及时将未参加失业保险且收入低于低保标准的农民工等失业人员纳入低保、救助等范围；根据经济增长和居民平均收入适时调整低保标准，建立以特困群体兜底保障、一般低收入群体普惠保障、因灾因病返贫群体保险救助保障的分类保障机制，提高解决相对贫困办法的预见性和精准性。

（屈振国）

市委主要领导批示：

感谢老促会、扶贫开发会及基金会的辛勤努力和务实工作。各级党委政府必须把扶贫帮困放在重要位置，久久为功，不懈努力。

请农业农村局（扶贫办）牵头研究落实。

2020. 5. 21

余晖

疏通产业扶贫的消费堵点*

多年来，市及辖市区扶贫"三会"坚持把产业扶贫作为扶贫工作的重点，开展了整村推进扶贫项目建设，全市30多个扶贫联系村、合作社已经形成了应时鲜果、有机稻米、特种水产、茶叶苗木等"一村一品"优势特色产业，其品种、质量等都得到了消费者的认可。农业产业扶贫成为扶贫"三会"工作的亮点。一方面，扶贫联系村、合作社农业产业规模扩大，产品产量增加，以及农产品质量提高；另一方面，农民市场意识较弱、对接市场本领不强、产销信息不对称、抗风险能力弱，于是一些扶贫联系村、合作社的农产品出现了积压和滞销，直接导致农民收入增速放慢、集体经济收入受到影响。如何把积压的农产品卖出去，让产品变商品、收成变收入，成为全市扶贫"三会"产业扶贫推进中急需解决的重点和难点。

一、消费扶贫，"三会"行动见成效

1. 疏通产业扶贫"最后一公里"。"时代楷模"赵亚夫在农村扶贫实践中有四句名言："做给农民看，带着农民干，帮助农民销，实现农民富。"这四句话反映了农业产业"生产—流通—消费"的全过程，现在"生产"上去了，但农产品难卖困扰着"实现农民富"。

如丹阳市司徒镇杏虎村是典型的老区贫困村，也是省、市、县三级扶贫"三会"联系点。2000年由市扶贫"三会"出资并带着种苗开始实施水蜜桃种植帮扶，聘请专家进村指导，由起初的15亩扩大到目前

---

　* 本文2020年7月25日以"关于镇江市消费扶贫的调研报告"为题在中国老区网"调查研究"栏目发表；发表于镇江市委机关杂志《创新》2020年第9期。

的 1500 多亩，年产量从 1 万多斤①增加到 200 多万斤，质量比肩无锡阳山水蜜桃。但现在每年都有几十万斤积压、变质，严重影响了果农种植的积极性。

再如句容市天王镇戴庄村，也是省、市、县三级扶贫"三会"联系点。20 年来，赵亚夫同志精心帮扶该村种植有机水稻，创造了"戴庄经验"，被省委、省政府作为典型在全省推广。由于市场的不确定性，戴庄村有机稻米每年都有部分积压，特别是 2019 年北京一公司单方面毁约，致使 50 余万斤 400 多万元的有机稻米压库。如不及时销出，将会给农民收入造成重大损失。

还如丹徒区江心洲橘子，新的一年的橘树已经开花，但上年的橘子还挂果在树上；句容草莓、葡萄有很大部分是马路市场，当天卖不了的傍晚则倒在马路边的沟渠里；等等。

由此可见，产业扶贫需要更加重视产业化经营，帮助农民销，推动消费扶贫是实现精准扶贫、促进增收致富的"最后一公里"。

2. 畅通产销信息对称。产销信息不对称是农产品难卖的主要原因。为此，我们通过多种形式进行广泛宣传，主动对接。一是媒体宣传推销。约请市各媒体记者深入扶贫联系村、合作社作现场采访报道，走进广播电视直播室，在电视上打滚动字幕，在金山网、0511 等网络媒体、全市扶贫"三会"工作群、朋友圈等大量发布信息，制作宣传品在相关网站进行推介，宣传扶贫工作和优质农产品，引导扶贫消费。二是组织推介促销。在人流较多的市口，摆摊设点，宣传推介，推销、促销老区农产品。2018 年，句容市扶贫"三会"积极参与由中国老促会等单位发起的"一县一品"行动，邀请全国"一县一品"品牌扶贫行动组成员到句容调研、座谈，国庆节期间丁庄葡萄在北京王府井展出，接受中国国家品牌网等媒体采访。丁庄葡萄成为首批入选的全国 30 个品牌扶贫行动对象之一。在南京举办句容特色农产品展示展销活动，设立茅山老区扶贫专柜 20 个，促销 800 多种农产品，现场销售额达 240 万元。针对疫情对游客的影响，句容扶贫"三会"与扶贫办联手在后白镇古村农业科技示范园举办了消费扶贫专场推介活动，茅山老区的 19 个经济薄

---

① 实际生产中，人们通常习惯采用"斤"为单位，本书不作换算。

余晖

弱村 22 家农业新型经营主体推出 100 多种当季农产品，镇江市 100 多家市属单位工会与会，签订了 1000 多万元合同。三是开展现场助销。每年在水蜜桃成熟季节，市扶贫"三会"都会组织银行、机关、高校等企事业单位志愿者，到杏虎村开展助销活动。丹阳市扶贫"三会"创新设立"采桃节"，精心设计活动载体，发动各旅行社组织游客开展水蜜桃现场采摘活动。四是典型引导帮销。对在消费扶贫中做出贡献的典型单位，市扶贫"三会"领导逐一上门拜访、致谢。2019 年分别向市属国有企业恒顺集团、索普集团赠送了锦旗，新闻媒体跟踪报道，让社会更多地了解老区，关心农民，为更好地开展消费扶贫工作创造了良好的社会氛围。

3. 突出疏解消费渠道。2018—2019 年年初，国办、省政府办相继出台消费扶贫文件，为我们提供了政策依据，消费扶贫工作也迈出了更大步伐。一是争取领导支持。我们及时向市委、市政府领导汇报落实上级消费扶贫文件的工作建议；争取工会组织将职工福利费的一部分用于购买老区经济薄弱村的农产品。丹阳市扶贫"三会"积极促成党、政"两办"发文，明确消费扶贫政策。二是对接重点单位。我们对人员多、条件好的重点单位展开针对性工作，2019 年春，市扶贫"三会"主要领导亲自联系并带领相关人员，主动走访江苏大学、江滨、康复医疗集团和交通、文旅等产业集团，动员购买水蜜桃 20 万斤、葡萄 2 万斤、大米 12 万斤。三是倡导理事消费。全市各级扶贫"三会"动员各理事单位和乡镇、街道分会，积极参与消费扶贫。丹阳市扶贫"三会"两年共帮助杏虎村销售水蜜桃 60 余万斤。句容市扶贫"三会"积极联系教育系统，2019 年为戴庄村销售有机大米 30 万斤。四是线上线下并销。扶贫"三会"联系镇江亚夫兴农股份有限公司、镇江东北粮仓等农产品经销商帮助销售，其中镇江亚夫兴农股份有限公司 2019 年帮助戴庄村销售有机大米 20 万斤；句容谷情坊电商公司帮助小农户网上销售本地农产品 1030 万元。五是发动志愿者义销。2018 和 2019 两年由志愿者现场义销桃子近 20 万元。2019 年丹徒区辛丰镇分会"稻心传媒文化发展有限公司"志愿者为德胜村贫困家庭销售大米 3 万斤。2020 年 5 月，针对疫情影响，市妇联志愿者组织的"'田妈妈'约您品甜瓜"直播带货活动，为丹阳"三会"联系点——碧云天农林科技有限公司直销甜瓜

6000 斤，计 6.16 万元。六是加强旅游促销。2019 年，句容市扶贫"三会"主动与旅游部门联系、联手，全年在融合旅游观光和培训中，促销农产品 150 多万元，为 60 多户低收入农户增收 50 余万元。

4. 建立产销服务机制。一是建立协调机制。市扶贫"三会"全员参与消费扶贫工作，与所有联系村及农产品专业合作社和重点消费单位组成消费扶贫产销联合体，有一名副会长具体负责衔接协调。二是做好产供销对接。把农产品基地产量与消费单位的实际需求进行有机对接，形成供需订单，按照农产品品种、送货时间、数量、地点与消费单位约定敲实，建立台账，保证按时、按质、按量送货上门。如向江苏大学 7000 多名教职员工供货时，水蜜桃上市正值暑期学校放假，为解决这一问题，我们设法提供早中晚熟多个不同品种，设立多个供货地点，让老师自主选择品种、时间和地点，尽量满足老师们的不同需求。三是搞好运输协调。我们制定车辆、时间、线路、地点的送货方案，主动与市交警部门沟通协商，保证送货车辆下得了乡、进得了城、停得下车、发得了货。四是确保产品质量。做好源头质量把关，农产品品种按照特、优、中、一般的标准进行质量细分，分不同等级包装，实行优质优价。对消费者提出的问题及时改进，质量有问题的及时退换。在镇江市区东、西两个区域安排了临时仓库，在仓库安装了空调，便于水果存放和保鲜。五是保证货款回笼。及时督促消费单位给付货款，帮助村、合作社做好货款回笼也成了我们扶贫"三会"的重要工作。近年来，市扶贫"三会"积极为扶贫村、合作社销售农产品，累计帮销水蜜桃 200 多斤，大米 120 多万斤，葡萄 50 多万斤，货款均如数回笼，促进了扶贫联系村、合作社和低收入农户农产品变商品、收成变收入，受到老区人民的广泛好评。

近日，省扶贫"三会"会长丁解民一行来镇专题调研消费扶贫，对镇江工作给予了充分肯定和高度评价。他说，镇江消费扶贫工作凝群众之心，聚社会之力，形成了长效脱贫机制，是镇江扶贫"三会"的创新之举，走在全省乃至全国扶贫"三会"的前面，其做法与经验为全省提供了可推广的示范。

二、防止返贫，消费扶贫路难行

产业扶贫上去了，如果消费扶贫跟不上，不仅收成变不了收入，还可能功亏一篑。在消费扶贫过程中，我们也发现了一些问题：

1. 市场作用机制不灵。数年来，从起初的驻村干部、游客自发购买贫困户的农副产品，到机关、企事业单位有组织地帮助贫困户解决农副产品的销路，行政干预始终是推动消费扶贫的重要手段，市场作用发挥不明显。

2. 贫困家庭动力不足。帮助贫困户销售，让他们尝到了生产变现的甜头，有利于提高其生产积极性。但在实际工作中，出现了扶贫对象对帮扶单位或驻村干部过度依赖的现象，甚至让帮扶单位为其提供类似保证式或兜底式服务，既要帮助其找到买方对接，还要帮助其洽谈，甚或为其催款要账，长此以往，这种消费扶贫方式不利于激发其内生动力。

3. 消费产品质量不稳。消费扶贫产品是否值得购买，不仅取决于消费者是否为扶贫，关键是要看产品质量。但目前消费扶贫中，还存在消费者碍于情面或出于爱心而购买贫困户农产品的情况。一旦消费扶贫产品质量出现问题，不仅会给消费者留下不良的购物体验，还会有损地方优势农副产品的对外形象与口碑。

2020年，我们将在已有工作经验的基础上，积极谋划，创新作为，在消费扶贫、精准脱贫的路上，突出联系村品牌建设，突出农产品质量监管，突出城乡产销常态化对接；在现代营销手段上着力，在村级合作联社建设上发力，在联络电商平台上出力，在志愿者队伍组织上用力。重点做好4方面工作：一是搭建对接平台。依托"采桃节""葡萄节""草莓节""茶叶节"等地方特色节庆，策划高品质的品牌推介活动。在大型超市、车站、商业广场等人流量大的公共场所设置扶贫产品专柜或摊点。组织更多电商企业与贫困村特色产品供给信息精准对接，多渠道打开销售局面。二是扩大消费市场。推动机关部门带头参与消费扶贫，引导大学、大医院、大企业等中高端消费群体优先选用贫困村农副产品，鼓励他们采取"以购代捐""以买代帮"等方式采购贫困村产品和服务。同时，组织动员爱心企业、爱心人士、志愿者等社会力量参与消费扶贫。三是做好质量监管。督促贫困村激发内生动力，重视产品质量，着眼长远，把质量监管和品牌放在第一位，树立镇江市优质农产品良好口碑。四是提升市场营销能力。发挥镇江高校优势，组织扶贫联系村、社骨干成员，联合江苏大学、镇江市高等专科学校办班培训，强化市场营销队伍建设，提升农民直接对接市场的能力。

三、决胜小康，消费扶贫快捷行

消费扶贫仅靠"三会"力量是极其微薄的，尤其是在疫情之下，市场阻滞，更需要政府主导，部门发力，社会参与。为决胜小康，消费扶贫需要按下快进键。为此，提出如下建议：

1. 制定办法，推动消费扶贫政策真正落地。2018 年，国务院办公厅印发了《关于深入开展消费扶贫助力打赢脱贫攻坚战的指导意见》（国办发〔2018〕129 号）；2019 年，江苏省人民政府办公厅印发了《关于深入开展消费扶贫助力打赢打好我省脱贫攻坚战的实施意见》（苏政办发〔2019〕31 号）；2020 年 2 月，国务院扶贫办等 7 个部门联合印发了《关于开展消费扶贫行动的通知》（国开办发〔2020〕4 号）。三个文件都对消费扶贫工作做了详细部署和安排，是各级各部门开展消费扶贫的任务书和路线图。该工作涉及发改（粮食）、农业农村（扶贫）、自然资源和规划（林业）、交通运输、市场监管、商务、供销等大部分政府部门及单位，执行过程中需协调的事务多，政策落实推进难度大，建议在市级层面出台文件，明确实施办法，形成推动消费扶贫的工作责任体系，并在实际操作中进行督查。

2. 认定认证，做好消费扶贫的基础工作。消费扶贫要做到有的放矢，精准施策。建议农业农村、扶贫部门对贫困村、低收入农户的农产品品种、产量、上市时间等信息登记造册，并在生产源头把好产品质量关，做好产品认定；市场监管部门对产品质量进行监督认证，组织镇村、新型农业经营主体打造像"白兔草莓""丁庄葡萄"等更多的农产品区域公用品牌，申报像"金山翠芽""茅山长青"等更多的原产地地理标志产品，注册像"野山小村"越光大米、"嘉贤"稻鸭共作等驰名商标，让地产品牌更多地为消费者认可。

3. 组织行动，推进消费扶贫快见成效。针对疫情对农产品流通和旅游的影响，建议发起"城乡对接惠农行动"，建立机关部门、企事业单位、学校医院、市区街道对口联系涉农镇村制度，组建城乡消费联盟；发放农产品消费券，在工会福利费中明确消费地产农产品比例；开通乡村旅游线路，出台支持电商平台销售地产农产品的奖励政策；按照既方便群众又有利于管理的原则，在全市各城区和各镇街划出指定位置，允许农民摆摊设点，推动消费扶贫早见效，真见效，见实效。

4. 建好队伍，加强消费扶贫能力建设。为确保消费扶贫可持续性，建议培育更多能生产、懂品牌、善经营、会标准的新型职业农民，带着低收入农户干、帮助低收入农户销，改善和提升低收入农户生产供给能力和市场营销意识。同时，加强消费扶贫基础设施建设，提升消费扶贫产品的市场竞争力，组建一支消费扶贫志愿者队伍，突出扶贫工作者的带头作用，对推动消费扶贫做出积极贡献的，给予大力宣传和表彰激励，在全社会形成良好氛围，激励更多的人投身扶贫事业。

（屈振国）

市委主要领导批示：

谢谢全市各级"三老"协会全体同志的辛勤工作和创新探索。乡村振兴、农民致富是我们工作的出发点和"试金石"。"产"要上去，"销"更要顺畅。同意四点工作建议，请扶贫办牵头，研究出台文件，加大组织化推进力度。

2020. 6. 19

关于进一步加强经济薄弱村
党组织书记队伍建设的思考[*]

实践反复证明，农村富不富，关键在支部；班子强不强，主要看班长。一个好的带头人是农村脱贫致富奔小康的关键。选配、锻造政治意识强、组织能力强、发展本领强、作风纪律强的"四强"型村党组织书记队伍显得十分重要和必要。近些年来，中共镇江市委高度重视村党组织书记队伍建设，立足脱贫攻坚、乡村振兴发展实际，坚持"选、育、用、管"同向发力、协调推进，在总体上打造了一支服务群众有感情、发展富民有本事、作风行为有正气的村书记队伍，涌现出张雅琴、刘树安等"吴仁宝式"村党组织书记典型，充分展现出"选好一个人、带活一个村"的生动局面。

但是，我们在老区调研中也发现，村党组织书记队伍建设出现了一些新情况、新问题。一些经济薄弱村虽经两轮脱贫攻坚"双达标"行动，仍然发展不快。究其根源，村党组织书记对本村实际认识不清，发展方向不明，政策把握不准，工作方法老套，能力不足依然是最大问题。在脱贫攻坚"双达标"行动中配备的村第一书记，"走读"型、"镀金"型不乏其人，且大部分对"三农"工作不熟悉、缺感情，很难沉下心去研究、实践，没有真正融入村工作中去，更未尽到领导建强村班子的责任。造就、配备扎得了根、带富力强、对"三农"工作有感情、服务态度好的村党组织书记队伍，依然是脱贫攻坚、乡村振兴的首要任务。

＊ 本文全文刊登于 2018 年 12 月 7 日中国老区网"调查研究"栏目。

余晖

一、经济薄弱村党组织书记队伍存在的问题及分析

经济薄弱村，弱就弱在人，弱在精神，弱在凝聚力。一是村书记开拓精神不足。求稳怕乱，胆小怕事，特别是实施"八项规定"以来，工作缩手缩脚，生怕问责，缺乏担当意识；一心二用，精力分散，一些"能人"干村书记只是为了荣誉，主要精力还是在自己的企业上，缺乏责任意识；上传下达，小富即安，只求年年有进步，不求致富迈大步，缺乏进取意识。根源在容错纠错机制尚未有效落实，激励机制尚不够有力，创业创新创收平台尚未真正搭建。二是村书记工作能力不足。阅历不足，眼界不宽，缺乏对接市场能力，不能有效发挥本地资源资产优势；方法简单，法律知识匮乏，群众威信不够，不能驾驭复杂问题的处理；缺乏学习，政策不清，对如何脱贫解困茫然无措，不能排出增收项目。根源在学历偏低，年龄偏大，动力不足，知识更新不够。三是村班子凝聚力不足。经济薄弱村往往是2~3个穷村简单归并，新书记难以树立威信，班子成员为了原村利益，难以形成合力。四是后备队伍储备不足。村里"能人"外出创业就业，对留村任书记意愿不强，队伍结构出现断层；回村"能人"多半不愿放弃自己的事业，兼职书记比重偏大；年轻人向往城市生活，不愿待在农村，后备力量普遍不足。根源是在职书记待遇不高，收入不及外出打工，对任职书记的认同感不足；潜在人选对农村发展前景迷茫，对退职后自身社会保障有后顾之忧；部分镇对培养后备队伍意识不强。

二、村党组织书记队伍的构成及其优势比较

从村党组织书记队伍的构成看，主要是由村"两委"班子中升任、退伍军人、大学生村干部、各类"能人"、跨村交流和镇机关干部下派或县镇二线干部而来，来源不同，优劣势也各不相同。从村"两委"班子中产生的，对村情民俗熟悉，本村人脉资源丰富，有一定群众威信，容易开展工作，劣势在于思维陈旧，站位不高，视野狭窄，调控手段有限。退伍军人同样比较了解村情，雷厉风行、果断风格，贯彻执行上级精神相对坚决，但工作方法简单，协调处理复杂问题办法不多，发展经济缺少门路。大学生村干部成长为带头人的数量不多，尽管他们思想前

卫，思维活跃，对新观念、新技术接受快，但农村工作经验普遍不足，对农村复杂问题缺乏驾驭能力，在群众中难以树立威信，且有相当比例具有过渡、跳板思想，安心扎根农村的不多。"能人"主要包括办厂能人、经商能人、建筑能人、合作社能人、科技能人（种植、养殖能手）等，他们的共同特点是具有经济头脑，有一定管理能力，如能全心全意为村民服务，是能够发展村级经济、带领村民致富的，但具有较高思想境界的不多，他们较少放弃自己原有的事业，有的甚至利用其村书记身份为自身利益服务，很难在村长久立足。跨村交流，特别是以强村带弱村方式任职的，在群众中较有威信，他们处理村务的能力较强，只要激励措施到位，一般都能逐步地把弱村带上去。但是，如果不是强弱村合并，激励政策跟不上，他们也不会在弱村持续待下去。镇机关干部下派的，一般具有较强的工作能力，对上级政策敏感，善于做群众工作，视野开阔，结合村情开发资源办法较多，只要加强考核，激励到位，一般都会比较持久地驻村工作。县镇二线干部到村任职的，农村工作经验、各类人脉资源更为丰富，只要是自愿驻村工作的，加上必要的激励，他们工作更安心、更负责、更有能力把村各项工作搞上去。

三、进一步加强经济薄弱村党组织书记队伍建设的思考

加强村党组织书记队伍建设是农村基层党组织建设的关键。村党组织书记队伍的整体素质，不仅直接影响村经济发展和社会稳定，更影响党在农民心中的威望。近些年，尽管各地重视了村书记配备，但还是有相当部分村缺乏强有力的带头人，班子活力不足，办事能力不强，在群众中缺乏威信。因而，高质量农业发展不快，供给侧结构改革不力，村级经济增速不高，村容村貌改善不大，难以建设更高水平的全面小康社会，更难胜任乡村振兴的历史重任。为此，必须进一步配强经济薄弱村党组织书记，加强其队伍整体素质建设。

1. 规范明确村党组织书记职责。要根据新时代、新形势、新任务，调整充实村党组织书记职责。一是保稳定。稳定是发展的基础，越是经济薄弱村，稳定的压力越大，要切实维护农民在土地承包、土地流转、宅基地、集体资源资产资金分配等方面的合法权益，解决好农民的合理诉求，确保信访稳定。二是带队伍。加强村"两委"班子建设，营造政

治坚定、团结和谐、共谋发展、服务农民、廉洁奉公、创先争优的良好氛围。三是抓环境。既要做好村容村貌的公共基础设施硬环境的改善，也要做好村风民俗、乡村文化软环境的塑造，搞好文明村创建。四是谋发展。发展是硬道理，既要发展村级集体经济，也要带领农民发展致富项目，坚定强村富民道路不动摇。五是讲廉洁。坚持公私分明，清白做人，干净做事，勤俭节约，甘于奉献；廉洁治村，廉洁用权，廉洁修身，廉洁齐家，以身作则，率先垂范。一个好的村党组织书记，应当具备多方面的知识和能力。大致可以归纳为：一心为民——出于公心、为民服务；三种意识——担当意识，奉献意识，规矩意识；五种能力——处理信访事项的能力，致富带富的能力，协调处理下级关系、增强班子和群众凝聚力的能力，做好社会管理、社会服务（乡村治理、引领村风）的能力，学习的能力。归结到一点也是最重要的就是实干兴村。

2. 研判建强村党组织书记队伍。对经济薄弱村要逐一分析排查经济发展上不去的根源，特别是对村书记的政治素质、工作能力、作风建设等要综合分析研判，对确因村书记能力不足影响发展的要坚决调整，视不同村的具体情况选配合适人选。当前，农村正处于脱贫攻坚的决战期和开启乡村振兴的新时代，经济薄弱村要配备能够胜任新时代重任、综合素质较高、攻坚克难能力较强的人担任村党组织书记。通过对村书记构成及其优势的分析发现，虽然不同来源的村书记都各有优势和成功的典型，但是，在处理农村复杂问题、推动村级经济发展、促进农民脱贫致富等方面，镇机关干部下派或镇二线干部自愿到村任职的，具有更强优势，他们政治素质好，文化程度高，懂经营、会管理、有闯劲，乡情熟悉，经验丰富，视野开阔，掌握政策，人脉广泛，能够带领群众脱贫致富，既可充当"救火队"，也能胜任"爆破手"，还能担当"教练员"，对村情复杂、长期经济薄弱的村，各地应当采取特殊措施，更加重视从镇机关干部或镇二线干部中选择综合能力较强、自愿下村的到村任职，为经济薄弱村在较短时间内开创新局面配备强有力的村书记队伍。句容白兔镇出于脱贫攻坚的需要，针对村党组织书记队伍薄弱的实际，连续从镇干部队伍中抽调 8 名骨干充实到村书记队伍中，占全镇 15 个村的 53.3%，该镇龙山湖村 2005 年由 3 个村合并而来，班子不团结、凝聚力不强，各项工作长期处于全镇的下游。2010 年镇党委将镇建管站环卫所所长、龙山湖村人王秀平下派任龙山湖村党委书记。经过持续不断的资源开发、项目建设，2017年龙山湖村在白兔镇第一批完成脱贫攻坚达新标任务，村集体经济收入达到83万元，农民人均收入21600元，建档立卡户基本脱贫。王秀平在镇党委的支持下，通过考核竞选方式，选配了两名青年后备村干部，且都具有大专以上学历。原副镇长胡庆生退居二线后，镇党委针对高庙村长期经济发展不上去的实际，在征得本人意愿后，2018年3月委派其出任村党总支书记。他通过调研，在很短的时间内就理清了发展思路，当年新上公共基础设施项目3个，总投资130.7万元，产业发展项目4个，总投资近300万元。丹徒区宝堰镇在脱贫攻坚工作中也采取了下派镇机关干部任村书记的措施，全镇6个村中有4个村的书记都曾在镇机关任职，他们到村任职后，在改善村容村貌、发展村级经济，推动乡村文明等方面发挥了重要作用。原镇党政办主任、鲁溪村人邓小鹏，2011年回村任总支书记，在市、区两级相关部门的共同帮扶下，建立应时鲜果、青虾养殖基地，盘活村级资源资产，建设康居示范村，2017年村集体收入达到82.4万元，农民收入超过全区平均数。之后他被提拔为副镇长，并继续兼任村书记。丹阳市延陵镇农业服务公司经理郦友良多年兼任九里村党总支书记，推动了现代农业和新农村建设、乡村旅游全面发展，九里村各项工作位居全镇前列，成为丹阳市"三农"工作的典型示范村。

3. 充实完善村党组织书记激励制度。一是切实提高村书记的待遇。要敢于打破薪酬分配和奖励中的平均主义，特别对优秀村书记，要积极探索建立其薪酬待遇增长机制，增强干事创业的积极性，确保村书记基本薪酬不低于上年度本辖区农民人均可支配收入的2倍。二是强化目标责任制考核奖励。要根据村书记职责，结合村实际制定长远规划和年度目标任务，制定考核办法、签订目标责任书，实行目标管理，加强在发展村集体经济、带领农民增收致富、生态环境整治、改善村容村貌、维护社会稳定等重点工作的考核，在年终奖金兑付上应不低于镇机关干部，业绩突出的根据贡献给予特别奖励，并在专项编制招录、优秀典型培树、镇科级干部选拔上予以倾斜，树立鲜明的实绩导向。三是完善村书记社会保障。为在职村书记健全城镇企业职工基本养老保险、统账结合基本医疗保险，缴费基数应不低于本区域职工平均工资，住房公积金

余晖

需区别村书记有无宅基地，根据各地实际考虑，切实解决村干部走千家万户、退休不及"五保户"的现象。

4. 坚持不懈抓好教育培训。坚持把教育培训作为建设高素质村党组织书记队伍的重要前提来抓，常抓不懈。一是加强任职培训。结合村党组织书记的岗位特点和工作实际，以辖市区培训为主，每年有计划地举办培训班，对他们进行理想信念教育、宗旨教育、作风教育、法制教育、政策教育，强化任职培训，进一步增强他们的群众观念、政策观念、法治观念和履职的责任感。二是加强岗位培训。按照"缺什么、补什么"的原则，制订培训规划和年度计划，采取定期培训、集中轮训、外出考察等形式，不断进行综合培训。开展书记"讲党课"，通过请老领导传帮带、请先进典型介绍经验等活动，逐步提高他们履行岗位职责的能力。三是加强知识更新培训。村书记的主要任务是带领农民致富，推进乡村振兴。要对他们加强农业新品种、新技术、新模式、新装备、新业态、新管理知识的更新教育，让他们对当年主推品种、主推技术、主推模式有所了解，对新型媒体、农业电商、市场经营等有所掌握，对美丽乡村、乡村治理、生态文明有所熟悉。四是加强教育管理。按照"简便、易行、管用"的要求，建立健全基层党组织议事规则、决策程序和集体领导制度，健全以党务村务公开、民主评议和基层党组织定期报告工作等为主要内容的民主监督制度，扩大党内基层民主，进一步规范村党组织书记的职责、权力和义务。

5. 建立健全村党组织书记后备队伍建设长效机制。一是建立后备队伍。注重从回乡务农的大中专、高中毕业生、转复军人、大学生村干部、定制村干部、致富带头人及其他先进青年中培养村级后备干部；坚持早发现、早培养、早使用的原则，引入竞争机制，通过考核、竞选，对素质好、能力强、表现突出的，及时纳入后备人才库。二是加强实践锻炼。有意识地安排后备干部参加一些重大活动，分配一些急、难、复杂的社会和群众工作，给他们交任务、压担子，让他们熟悉各方面的情况，积累各方面的经验；要加强村党支部书记后备人选在艰苦复杂环境和不同工作岗位的轮岗锻炼，组织外出考察学习，开阔视野，增长才干，使后备干部在实践中锤炼党性，提高素质，增强本领；建立后备人才"导师制"，为他们配备政治坚定、经验丰富、业绩突出、作风过硬的老书记、老村长、老乡干作为导师，引导他们走实农村工作第一步。三是坚持择优任用。按照素质高、能力强、作风优、想干事、能干事、干成事、不出事的要求，完善选拔机制，采取"公推直选"等办法，真正把政治过硬、群众公认、作风扎实、致富带富能力较强的优秀人才选拔出来担任村党组织书记。

（屈振国）

市委主要领导批示：

　　请李健同志调研。

2018. 1. 4

市委分管领导批示：

　　基层党组织书记队伍建设与以党建引领的基层网格化社会治理有机结合，不断夯实社会治理基础。

2018. 1. 4

余晖

高庙村打赢脱贫攻坚战
实现乡村振兴的路径初步思考

　　2018 年 6 月 15 日，中共中央、国务院发布《关于打赢脱贫攻坚战三年行动的指导意见》，提出确保到 2020 年贫困地区和贫困群众同全国一道进入全面小康社会，这是中国共产党和中国政府向全世界做出的庄严承诺。脱贫攻坚工作成为各级党委和政府"十三五"时期的首要政治任务和第一民生工程。2018 年 10 月 14 日，省委、省政府下发《关于打赢脱贫攻坚战三年行动的实施意见》，要求三年圆满完成国家和省脱贫攻坚任务，确保高水平小康路上一个不少、一户不落。近年来，镇江市认真贯彻落实中央和省委脱贫攻坚决策部署，扎实推进精准扶贫、精准脱贫工作，预计 2018 年全市累计有 189 个村达标，累计有 1 万余户、18000 余名建档立卡低收入人口脱贫。自 2018 年 8 月起，根据市委、市政府统一部署安排，市发改委对口帮扶白兔镇高庙村，市老区开发促进会、市扶贫开发协会在句容"两会"推荐并实地考察调研的基础上，确定高庙村为市"两会"联系点，自对口帮扶联系以来，我们开展了多轮实地考察，通过调研座谈、走访咨询等形式，对高庙村的脱贫攻坚工作进行了较深入的分析。

一、基本情况

　　高庙村隶属于句容市白兔镇，位于句容市东郊、白兔镇西南。句宝路贯穿全村，村落之间已实现道路村村通，交通便捷，镇江市区、句容市区、丹阳市均位于高庙村半小时交通圈内，南京市位于其一小时交通圈内。高庙村旅游资源较突出，句宝路高庙段南北侧有占地 300 亩的江南百竹园、1000 亩樱花桂花海棠紫薇园，1000 亩彩叶苗木园，2800 亩国家农业科技示范园预留土地，国家 AAAA 级景区茶博园位于村庄南部，整体形成了以樱花、海棠、紫薇花、桂花和彩叶等花卉苗木为主导的"五朵金花"。

全村总面积 6.8 平方公里，其中耕地面积 3680 亩，水库 160 余亩。下辖 12 个自然村，21 个村民小组，共有 843 户、户籍人口 2104 人，现有党员 64 人，设立了党总支，下辖 3 个党支部，其中 1 个党支部被评为四星党支部，目前村两委班子成员 7 人。

2017 年，高庙村集体经济收入为 81.39 万元，主要由村土地流转服务费、商业用房出租收入、广告牌出租收入等构成，但村集体经济基础比较薄弱，无重点产业和经济实体。农民主要收入来源于传统农业中的水稻、玉米种植及外出务工，2017 年农民人均收入约 18000 元。目前，"百村万户达新标"建档立卡低收入户 45 户 77 人，其中五保户 6 户，低保户 30 户，一般贫困户 9 户，绝大多数都是因病、因残、因老致贫。在市、县、镇、村四级帮扶体系下，贫困户人均年收入绝大多数能够达到 8000 元，2018 年预计建档立卡贫困户完成脱贫 30 户，仅剩 2 户未能达到人均年收入 8000 元的脱贫目标。

二、存在的主要问题

在对口帮扶高庙村实施脱贫攻坚的推进工作中，我们发现还存在着比较突出的问题，主要表现在以下方面：

（一）基层党组织战斗堡垒作用未充分发挥

开展精准扶贫、精准脱贫工作同基层党组织的建设有机结合不够，村党组织尚未能成为带领群众脱贫致富的坚强战斗堡垒。目前，高庙村党组织建设比较薄弱，党组织带动力、战斗力和吸引力不强，村级党建平台和载体支撑创新不足，村干部队伍弱化、业务素质有待进一步提高，同时，村干部对脱贫致富、乡村治理、全面发展的认识不够深入，主动创新意识不足，习惯用老经验、老办法、老套路抓工作。村党组织"领头雁"的作用尚未充分发挥，目前，村书记由原白兔镇分管农业的副镇长担任，有丰富的工作经验，但因病难以正常工作，村其他两委委员谋事干事能力仍需进一步提高，村年轻后备干部力量也需进一步配强。

（二）实现乡村振兴的现实发展基础较薄弱

高庙村制定了概念性发展规划，尚未制定整村控制性详细发展规划，现状产业结构以传统农业为主，结构单一、效益低、基础薄弱，村集体经济发展存在较多短板，村内虽有2300多亩花卉苗木种植区，但缺乏龙头企业和能人乡贤的引领，在扩大规模、提升品质、延伸产业链方面存在不足。同时，村集体经济发展的方向和定位需进一步精准，与国家级农业科技示范园整体结合度尚显不够，未能完全有机融入示范园建设中，村生态和经济效益有待进一步挖掘，一二三产业融合发展的力度需进一步加强。村集体经济规模小、实力弱、资产资源少、服务功能弱、带动能力有限，供流转的土地开发转化不足。因未建立利益联结机制，农民未能真正与村两委班子共同谋划推动并参与集体经济发展，由于缺乏适合乡村旅游深度开发的绿色慢行系统，良好的田园景观资源尚未充分开发，交通体系也需进一步完善。

（三）提高农民收入的来源渠道狭窄

因村集体经济发展不充分，未能充分带动本村劳动力就业创业，同时，村年轻劳力外出务工人员比例近70%，由于没有过硬的技能，收入相对较低，仅能维持自身生活，对家庭收入贡献不大。而留守村里的人口老龄化，文化程度较低，难以开展就业创业活动。低收入户中，绝大多数因病、因残、因老而致贫返贫，受教育程度低，缺劳力、缺资金、缺技术、缺信心，脱贫致富难度很大。少数贫困户也存在着"等、靠、要"的思想，总想一直由政府养着吃"太平粮"，不求过得好，只求过得去。目前，根据省市政策，低保补助金、残疾人两项补助、医疗救济金有所提高，村建档立卡户中五保户和低保户的人均年收入能达到市定脱贫标准。同时，因村基础条件较差，镇村两级对帮扶资金的需求单纯依赖帮扶单位，村没有合适的扶贫项目，帮扶单位财政预算支出又控制严格，依靠帮扶单位财政性资金补助没有指望。而贫困户提高收入的来源渠道很少，因个人劳动能力不足，除政府给予的慰问金外，缺乏其他帮扶手段，帮扶的实际效果不够显著。

三、推进高庙村脱贫攻坚、乡村振兴的路径思考

（一）夯实战斗堡垒，打造脱贫攻坚火车头

深入贯彻落实习近平总书记关于扶贫工作的重要讲话精神，牢固树立坚持党的领导是打赢脱贫攻坚战的根本保证，充分发挥党的政治优势、组织优势和密切联系群众的优势，把加强基层党组织建设作为打赢脱贫攻坚战的关键。一是强化村两委班子建设，坚持最优秀的干部担任村支部书记的导向，突出干部在基层锻炼提拔的方向，培养和造就"懂农业、爱农村、爱农民"的"三农"工作队伍，建议句容市组织部门会同白兔镇党委，对现任村干部进一步优化，优先推荐能人乡贤，提高村两委干部履职能力和综合素质，切实将党的组织融合到脱贫攻坚战中，增强村级党组织的战斗堡垒作用。二是压严压实党建责任，切实把党建工作与脱贫攻坚行动有机结合起来，实现同安排、同部署、同落实。强化镇党委、村级党组织抓党建工作主体责任意识，增强责任感和使命感，使镇村两级基层党组织书记抓党建扶贫、村级阵地建设工作成为新常态。同时，强化脱贫攻坚考核评估机制，加大问责问效，压实脱贫责任。

（二）注重龙头示范，推动现代产业体系建设

十八大以来，随着我国"三农"政策持续强力推进，农业现代化建设进展迅速，家庭农场、农民合作社、农业龙头企业等各类新型农业经营主体蓬勃发展。同时，十九大报告也明确提出构建现代农业产业体系、生产体系、经营体系，促进农村一二三产业融合发展，支持和鼓励农民就业创业，进一步加快农村产业发展。对于高庙村而言，构建现代农业产业体系，就是按照农业供给侧结构性改革的导向，贯彻落实乡村振兴战略规划的要求，执行好茅山革命老区和经济薄弱村的扶持政策，整体谋划，着力推进产业链、价值链建设，坚持"以农为核、以工带农、以旅兴农"发展思路，立足已有一定基础的花卉苗木产业，开展品质提升工程，坚持市场化导向，引导优化产业布局，紧紧围绕国家级农业科技示范园建设，找准适合高庙村实际的产业发展方向，做好园区的配套，重点在花木园艺和应时鲜果种植上下功夫，在种植成功后扩大销售渠道，同时推动示范园产业配套项目建设，大力培育乡村度假、休闲观光农业新型业态，推动一二三产业融合发展，不断提高产业的综合效益和整体竞争力，让农民分享农业产业链条各环节的利益。

（三）激发内生动力，在因户施策上出实招获实效

在推进贫困户脱贫攻坚的思路上下功夫，用绣花的功夫认真谋划，进一步摸实情、出实招，做到思路清、方向明、措施准，开拓创新，因

户施策。完全领会中央、省、市关于脱贫攻坚的各项政策，并使这些政策落地见效；对贫困户继续进行深入的实地调查了解，摸清致贫的具体原因，有针对性地提出切实可行的帮扶措施。突出"重精准、补短板、促攻坚"的战略部署，既充分发挥帮扶单位的外力作用，又重视激发贫困户的内在动力。对五保户、低保户及时准确落实各项补助资金，实现社会保障兜底；对一般贫困户拓宽他们的就业渠道、提升他们的就业技能，切实提高他们的自我发展能力，转变贫困户的"等、靠、要"观念，以及"看、跟、随"心态，教育、引导和推动贫困群众，通过自己的勤劳与智慧实现脱贫致富的目标，防止返贫现象发生。同时，镇村两级干部及帮扶单位在为民服务上要动真情、用真心，为贫困群众办实事、解难题，真正得到他们的拥护与支持。

四、打赢高庙村脱贫攻坚战、实现乡村振兴的具体措施

（一）制定村级发展总体规划

要根据新时代、新形势、新要求进一步优化村概念性规划，在此基础上编制全村控制性详规。规划要充分彰显高庙村区位优势、资源优势，与白兔镇总体规划相统一，与国家级农业科技示范园相衔接，要以乡村振兴、农业农村现代化为目标，一步规划到位，分步组织实施。

（二）用足用好财政支农政策

牢固树立"项目兴农、项目兴村"的理念，坚持项目化推进规划的实施，依托本村资源条件，抢抓政策机遇，积极上项目引资金，在资源开发、资产盘活、资本增值、特色发展上大做文章，以道路、水系等基础设施项目建设为载体，推动村容村貌环境的显著改善；以卫健、文化等民生项目建设为载体，推进乡村文明水平提升；以土地规模经营、产业项目建设为载体，推动产加销一体、农旅融合发展，壮大村级集体经济，促进农民持续增收。

（三）积极撬动工商民间资本

强化政策激励，充分发挥驻村工商企业的主观能动性，加强基础设施配套建设，着力优化产业品质，提升投资效益；积极发动乡贤能人回村创业，大力引进工商资本和民间资本，积极流转低效土地，围绕村规划打造产业链，提升价值链，完善供应链，举办"五朵金花"赏花节，商

请交通、旅游部门开通镇江、句容至"茶博园—五朵金花—伏热花海—草莓园"乡村旅游专线，集聚人气、财气，推动农业提质增效、农民就业增收、农村民生改善及村级经济发展。

（四）大力培育农业新型经营主体

扶持一批一二三产业融合、适度规模经营多样、社会化服务支撑、以"互联网+"紧密结合的各类新型经营主体。加大政策支持力度，着力培育一批家庭农场、农民合作社和农业产业化龙头企业，使这些主体能够成为规范运营、标准化生产和带动农民的标杆和骨干，锻造一批新型职业农民。学习戴庄经验，推进村社合作、村社一体，开展耕、种、管、收、加、销等农业生产性服务，切实解决老弱病残及分散农户种田难问题，让小农户对接现代农业，走出一条生产专业化、经营合作化、服务组织化的现代农业发展之路。

（五）推进实施民生改善项目

强化公共服务设施的建设，加快修建占地面积1000多平方米的群众文化体育广场并尽快投入使用；加快村美化亮化工程项目的进度并及早竣工使用；多方筹措资金推进环境治理、村级道路、农田水利、贫困户危房改造等民生项目建设。积极争取资金，建设高庙村党员标准化综合服务中心，集党员活动室、远程教育终端、农家书屋、便民服务站、村民活动中心、职业农民培训中心、道德讲堂、戏剧舞台等功能于一体，为党员和村民提供全方位、多层次、立体化的综合服务、学习培训、文化教育、健身娱乐平台，全面提升村民的精神文化生活水平和层次。

（六）建立健全工作责任制

在加强村级班子建设的基础上，强化制度建设，落实分工负责制。班子成员要认真落实项目牵头和配合责任，加强协作配合，合理安排进度，确保各项任务有措施、能落实、可量化；建立健全督查考核机制，确保各项任务保质保量及时完成。

（屈振国）

对南通、如皋、江宁壮大扶贫基金规模工作的考察报告

2020年10月27日、11月5日，市老区扶贫基金会牵头组织，各辖市、区扶贫基金会相关领导赴南通、如皋、江宁三地专题考察学习了壮大扶贫基金规模工作的做法和经验。

一、南通、如皋、江宁壮大扶贫基金规模的主要做法和经验

南通市、如皋市、江宁区三地在壮大扶贫基金规模工作方面走在全省前列。

南通市老区扶贫基金会成立于2008年12月，在所辖6个县（市）区设立办事处，县（市）区注入基金所有权归各县（市）区政府所有，市基金会统一管理。南通市老区扶贫基金会2008年成立之时扶贫基金为400万元，到2020年9月达1.7亿元。同时南通市老区扶贫基金会积极开展社会募集专项扶贫资金，到2019年合计募集3936万元。

南通市老区扶贫基金会如皋办事处扶贫基金达2730万元，同时于2017年起设立定向冠名扶贫资金募集980万元。

南京市江宁区扶贫基金会成立于2016年1月，并在10个街道、园区设立办事处，区财政、街道、园区首期注入扶贫基金650万元，2019年10月，区财政又注入基金350万元，10个街道、园区再次注入基金1000万元，使基金规模扩大到2000万元。在2020年全省"三会"系统通过互联网微信平台开展的"9.9公益"捐赠活动中，江宁区募集扶贫资金164万元，居全省首位。

1. 围绕中心，服务大局，全力争取党委政府支持。三地扶贫基金历年来的增长，均来自各级财政多年持续的注入。南通市市级财政近10

年来年均注入基金 150 万元，累计注入 1640 万元；而下辖的 5 个县（市）扶贫基金规模都达 2000 万元以上，其中如皋市规模最大，达 2730 万元，基金来源均为本级财政持续注入。之所以有如此局面，就在于他们抢抓脱贫攻坚机遇，紧紧围绕党委政府脱贫攻坚中心工作，拾遗补阙，全力作为，近 7 年实施产业化扶贫项目 806 个，撬动贷款 2.14 亿元，扶持贫困户 2.4 万个、贫困人口 4.9 万人，成为当地农村第三保障线（脱贫）部门之一，如皋市更是主动成为当地农村第五保障线（健康扶贫）部门之一，以工作实绩赢得了所在地党委政府的认可和支持，增加财政投入的请求很顺利地得到了批准。

2. 夯实基础，扎根基层，充分发挥县、乡两级扶贫组织作用。南通市 1.7 亿元扶贫基金中 90% 来源于所辖县（市）区财政。他们一方面抓住一切机会向所辖县（市）区党政领导介绍扶贫基金会工作，说明"所募资金全部用于当地扶贫开发"的原则，另一方面在各轮募集基金时，首先物色落实一家，形成先发效应，带动其他县（市）区跟进，从而调动起了各县（市）区扶贫组织不甘落后、主动争取资金的积极性。江宁区扶贫基金会更是把触角伸向所辖街道、园区，成立扶贫办事处，10 个街道、园区在两轮募集基金中出资比例占全区基金总规模 2000 万元的 60%。

3. 深入发动，精密组织，线上线下双管齐下公募专项扶贫资金。尽管公募专项扶贫资金困难重重，但南通、江宁等地知难而上，创新办法，攻坚克难，线上线下，齐头并进。如皋市以设立冠名扶贫资金的方式，动员社会单位和个人出资扶贫，近三年来设立冠名扶贫资金项目 32 个，募集资金 980 万元，救助困难户 1500 多个。南通市全市线下公募专项资金达 3936 万元、线上公募 64 万元，在健康扶贫、助学扶贫、文化扶贫中发挥了突出作用。江宁区扶贫基金会敏感地意识到利用互联网微信平台公募扶贫资金是动员更多社会成员参与扶贫济困事业的一个全新渠道，2019 年在网上首次公募取得 45 万元成绩后，采取年初下达计划、基层组织实施、党政领导带头、全面动员志愿者参与、谁募谁用的办法，在 2020 年年初下达了线上公募 100 万元的目标任务，在为了抗疫网上公募 47 万元的基础上，"9.9 公益"扶贫公募活动又达到了 164 万元，完成全年目标任务的 210%。

余晖

二、壮大镇江市扶贫基金规模的建议

在市委、市政府的大力支持下，2019 年 12 月镇江市成立了老区扶贫基金会，并在京口、润州、新区、高新区设立了 4 个办事处，筹集扶贫基金 1200 万元。与此同时，丹徒区、丹阳市、扬中市、句容市分别成立了扶贫基金会，各自筹集扶贫基金 400 万元。不到一年时间，镇江市实现扶贫基金组织建设"全覆盖"、扶贫基金设立"满堂红"，筹集扶贫基金 2800 万元并迅速投入扶贫攻坚行动中，受到省里表扬、市里肯定。但毕竟起步晚、规模小，全市扶贫基金规模只相当于南通市的一个县。如何迅速壮大扶贫基金规模、发挥扶贫助攻作用，是摆在镇江市各级扶贫基金会面前的迫切课题。结合考察学习的做法经验，建议如下：

1. 切合时代脉搏，找准工作定位，积极争取各级党委政府的持续支持。全国性的脱贫攻坚行动已胜利地告一段落，"三农"工作即将进入全面"乡村振兴"阶段，"扎实推进共同富裕"成为新的工作要求。相应地，扶贫任务也从帮扶绝对贫困向帮扶相对贫困新阶段迈进，而克服农村相对贫困、实现共同富裕，任重道远，同时也为各级扶贫基金会的扶贫工作开辟出了更为开阔的天地。"乡村振兴"的关键是"产业振兴"，扶贫基金会产业扶贫的优势将会得到更好的发挥。"共同富裕"的短板是农村相对贫困的人口，扶贫基金会公募资金针对性强的优势将会更好地拾遗补阙。只要我们各级扶贫基金组织根据党委政府的中心工作及时地调整工作重点，发挥助攻优势，奋发有为，就会得到党委政府最有力的支持。特别是《中共中央关于制定国民经济和社会发展第十四个五年规划和二〇三五年远景目标的建议》中关于"建立农村低收入人口和欠发达地区帮扶机制，保持财政投入力度总体稳定"的要求，将为各级扶贫基金组织争取财政资金的投入创造条件。建议市里 2020 年用于扶贫专项资金节余部分及往后年度专项资金节余部分注入市级扶贫基金，从而不断壮大扶贫基金规模，以便更好地继续做好扶贫帮困工作。

2. 重心下移，主攻基层，做大县乡两级扶贫基金规模。"乡村振兴"的对象是乡村，相对贫困的人口也集中在乡村，扶贫基金会工作重心也必须放在乡村，放在乡村产业化上、帮扶乡村相对贫困的人口上。

南通市 90%的扶贫基金来源于所辖县（市）区财政，正是适应了这一形势。丹阳市政府承诺连续三年以每年 100 万元注入扶贫基金，也是看准了这一趋势。县一级扶贫基金会要把工作重点放在"乡村振兴"所急需的产业扶贫项目上，以产业扶贫项目优良的工作成果赢得本级政府的不断支持和财政资金的持续注入。同时，按照"谁筹集谁使用"原则，主攻乡镇一级设立扶贫基金办事处，2020 年力争每个县级扶贫基金会突破一个乡镇，再用 2~3 年时间在面上全面铺开。如果乡镇一级扶贫基金规模突破本地区总量的 50%以上，以 1：20 贴息贷款比计算，每年可以撬动上亿元资金投入农村产业化，这将为乡村振兴、乡村扶贫工作注入不竭的能量。

3. 精心策划，精密组织，线上线下争取公募资金量的突破。镇江市相对贫困者不少，而爱心人士亦众。扶贫基金会要做的就是搭建起两者间的桥梁和服务两者的公募平台。一是以"冠名专项资金"全力开展线下公募活动。"雁过留声，人过留名。"在选准帮扶主题和帮扶对象后，对可能有捐赠愿望的企业或个人逐一筛选，瞄准目标企业或个人进行感情联络，发扬"为扶贫求人不丢人"的精神，耐心细致地做工作，并以签订协议的方式为捐赠者企业或个人设立"冠名专项资金"，让其扬名立万、功德彰显，并吸引更多企业或企业家参与。二是以"专项慈善公募"全力开展线上公募。按照"谁募谁用"的原则，积极组织各级扶贫基金组织参与省扶贫"三会"组织的网上慈善公募活动。"众人拾柴火焰高。"做好线上公募，功夫在线下。首先要选择好专项帮扶主题，主题切口要小，能够激发爱心，公募资金当年能够花完。其次要落实基层责任主体及工作目标，原则上每个乡镇年度线上公募任务不低于 5 万元。最后是必须广泛发动、组织扶贫志愿者队伍。江宁区线上公募最成功的经验就是依托街道建立起线下最广泛的扶贫志愿者队伍，每个街道都落实有 1500 名以上志愿捐赠者，"9.9 公益"捐赠活动全区志愿捐赠人员总数达 1.6 万人。

4. 合作帮扶济困，多元融合发展，开辟扶贫工作新局面。扶贫基金会只是慈善组织中的一个，而镇江市扶贫基金会又是多个慈善组织中最年轻的一个。各个慈善组织的工作侧重点不同，但总体目标一致，即帮扶济困。如皋市扶贫基金组织以健康扶贫作为突破口，联合本市的慈善基金会联合开展健康扶贫，扩大了扶贫基金组织的社会影响。镇江市各级扶贫基金会要发挥出更大的作用、形成更大的社会影响力，在当前形势下就必须与其他慈善组织联合联手、借力使力，在扶贫事业上融合发展。要通过与其他慈善组织的主动沟通，缔结扶贫战略同盟。根据各地党委政府扶贫工作目标和年度工作任务，找准与其他慈善组织合作的切入口和合作项目，建立起"团购"和"拼多多"的扶贫新机制，开创镇江市扶贫工作新局面。

（郭必东）

市委主要领导批示：

请曙海、国忠同志阅。

考察报告及建议很好，扶贫基金规模需不断壮大，并更好发挥作用。

2020.12.5

合力脱贫攻坚 建设美丽乡村
推动镇江革命老区乡村全面振兴[*]

——贯彻落实中办发〔2015〕64号文件情况汇报

2016年以来，为认真贯彻落实《关于加大脱贫攻坚力度支持革命老区开发建设的指导意见》（中办发〔2015〕64号）和《省政府办公厅关于在黄桥茅山革命老区组织实施富民强村行动计划的意见》（苏政办发〔2014〕91号）文件精神，中共镇江市委、镇江市人民政府制定印发了《关于加快茅山革命老区振兴发展的意见》（镇发〔2016〕22号），不断加大对以茅山革命老区为重点的镇江革命老区的发展扶持力度，致力于强弱项、补短板，以建设"强富美高"新镇江为目标，老区经济社会有了迅速发展，人民群众生产生活条件有了明显改善，到2019年年底，全市全面完成脱贫攻坚"双八"目标，迈步进入全面小康社会，开启了乡村振兴新征程。

一、实施精准扶贫，推进全面小康

2013年，围绕江苏省委省政府《江苏省农村扶贫开发"十二五"规划纲要》，中共镇江市委、市政府决定在全市开展"百村万户双达标"行动。扶贫工作重点从发展茅山革命老区经济转移到对全市范围内贫困村和人口的扶贫上来，行动要求以加快村集体经济发展、促进低收入农户增收为主要目标，创新扶持发展方式，开创全市扶贫开发工作新局

---

 * 本文系江苏省扶贫"三会"2020年7月16—17日来句容调研"贯彻落实中办发〔2015〕64号文件情况"时的汇报材料。

　本文2020年8月8日在中国老区网"调查研究"栏目发表。

余晖

面。2016 年开始，为进一步减少相对贫困，缩小收入差距，全面建成更高水平的小康社会，市委、市政府在上一轮"百村万户双达标"的基础上，开展新一轮"精准扶贫"工作，组织开展了"百村万户达新标"行动，对经济薄弱村、建档立卡低收入人口制定了更高的扶贫标准。

（一）制定标准，明确责任

要求到 2019 年年底实现所有经济薄弱村集体年经营性收入稳定达到 80 万元，内生发展能力显著增强；实现所有低收入人口人均年可支配收入达到 8000 元，生活水平明显提高，子女教育、基本医疗和公共服务得到有效保障。全面消除集体经济薄弱村，打赢"减少相对贫困、缩小收入差距、促进共同富裕"的攻坚战。新一轮攻坚战坚持了四项原则：一是坚持整体谋划、统筹推进。把扶贫开发与落实主体功能区规划和推进产业"三集"发展紧密结合起来，与推动农业现代化发展和推进农业供给侧结构性改革紧密结合起来，向提升村级集体经济整体素质和增强农业综合生产能力要效益；二是坚持着眼长远、务求实效。把增强经济薄弱村自我发展能力作为关键来抓，突出问题导向，找准路子，建好体制机制；三是坚持因村制宜、因户施策。宜农则农、宜工则工、宜商则商，走多元化发展之路，对于低收入户，着力解决好谁来扶、怎么扶、如何脱贫的问题，切实提高扶贫成果可持续性，让低收入人群有更多的获得感；四是坚持分级负责、辖市区为主。充分发挥各级党委领导核心作用，突出辖市区的主体责任和镇的直接责任，严格执行扶贫开发辖市区党政一把手负责制，真正形成一级抓一级，层层抓落实的工作格局。各地党委政府把"百村万户达新标"行动工作的推进及实际成效，纳入辖市区年度目标责任制考核内容。有达标任务的镇抓好具体组织和实施工作，确保帮扶工作落地生根，党政一把手履行直接责任人职责。属地党委选好配强村级领导班子，突出抓好村党组织带头人队伍建设。

（二）明确措施，狠抓落实

1. 明确工作职责，强化政治站位。将"新一轮脱贫攻坚战"作为全市重大政治任务，强化各市区主体责任和部门帮扶责任的落实。成立扶贫工作领导小组。2016 年市委、市政府制定了《关于开展"百村万户达新标"行动的实施意见》《关于加快茅山革命老区振兴发展的意见》，明确了工作任务和目标。以市委农村工作领导小组、市扶贫工作领导小组名义印发了《辖市区党委和政府扶贫开发工作成效考核办法》《市直部门单位扶贫开发工作责任落实考核办法》和《关于公布脱贫攻坚"一票否决"事项的通知》等文件，对新一轮扶贫开发工作进行了全面部署，将脱贫攻坚列为各市区高质量发展综合考核目标中必须完成的硬任务硬指标。2018年出台了《镇江市精准扶贫精准脱贫责任清单》，就落实"两不愁三保障"，明确和细化了各级责任主体、各有关单位及相关人员的具体责任。对照精准帮扶要求，为204个经济薄弱村确定了市县级帮扶责任单位213个，为所有建档立卡户明确具体帮扶责任人4605名，派驻经济薄弱村第一书记204人。

2. 加大财政投入，强化产业扶贫。把产业项目扶贫作为精准扶贫的根本路径，推动产业增收项目落地，发展壮大村集体经济。全市共落实省、市级产业扶贫项目361个。到2019年年底，已完工357个，验收285个，年产生收益2400万元；落实财政扶贫资金以外各类帮扶项目800余个。新一轮脱贫攻坚以来，共落实省市县三级财政资金3亿元，其中，省级资金2649万元，市级资金1.7亿元，各市区按1∶1配套，全市实际到位的市、县两级专项资金达2.8亿元。

3. 部门合力攻坚，强化"两不愁三保障"。一是保障住房安全。按照2019年基本完成、2020年查漏补缺的要求，全市投入危房改造财政专项资金1000余万元，444户危房改造任务全部完成；二是保障基本医疗。建立"社会医疗保险+大病保险+社会救助+慈善助医"社会保障制度体系，个人缴费部分由财政全额承担，投入医疗保险资金3311万元，保障17282人，实现基本医疗保险覆盖率100%；县级定点医院100%实现"一站式"结算平台和"先救治后付费"服务，贫困家庭签约服务率96%以上；三是保障义务教育。落实好相关教育扶持及补助政策，全市共资助建档立卡家庭学生982人、资金140.3万元，全市未出现贫困家庭子女因贫失学、辍学现象。

4. 落实"一户一策、一村一策"，强化精准帮扶。对2019年计划达标的15个经济薄弱村、756名建档立卡人口进行分析梳理，制定并落实"一户一策、一村一策"清单。在摸底核查的基础上，对贫困人口通过介绍就业、走访慰问等方式，落实结对帮扶措施。对贫困村通过引进产业项目、实施消费扶贫等方式，帮助稳定增收脱贫。2019年年底，全市

15 个经济薄弱村集体经济年收入全部稳定达到 80 万元，385 户 756 名建档立卡低收入人口年人均纯收入稳定达到 8000 元。

5. 着力平台建设，强化阳光监管。阳光扶贫监管平台经过多次完善升级，已能充分发挥在线监督功能。平台在加强扶贫对象信息完善、加快项目资金推进、保障帮扶措施落实、落实"三保障"等方面，实行了实时、远程、在线监管，进一步提升了工作效率，有效促进了扶贫工作在阳光下运行，确保各项惠民政策实施过程"阳光、公正"。

（三）总结经验，巩固成果

1. 发展村级经济是脱贫攻坚的有效方法。根据主体功能区规划和产业"三集"发展要求，镇江市明确产业扶贫的发展方向，通过统一规划、统一管理、统一招租、异地建设等多种途径，因地制宜帮助经济薄弱村发展增收项目。一是发展现代特色农林业。加快形成"一村一品"各具特色的优势产业；二是发展农业生产性服务业。支持村集体创办农业生产服务合作社、劳务合作社等服务实体，为各类生产经营主体提供代耕代种、代管代收、烘干储藏、加工运输、市场营销等有偿服务；三是组织消费扶贫。加快发展农村电子商务，建立农产品网上交易平台，如"亚夫在线""农批 365""香满仓公司"等；组织产销对接、乡村旅游，志愿者服务，疏通产业扶贫堵点；四是完善利益联结机制。通过发展产业扶贫项目，建设满足增收需要的标准化厂房、门面房或服务设施等物业；对已有的物业项目，加快对外招租，发挥应有效益。

2. 强化措施落实是精准扶贫的有效手段。一是丰富完善脱贫帮扶方式。坚持问题导向，广泛采取特色产业脱贫、完善医疗脱贫、资产收益脱贫等方式，有针对性地开展各项脱贫帮扶；组织城乡结对、部门帮扶活动，通过捐款捐物、交纳特殊党费等多种形式，实行精准帮扶；二是健全精准扶贫工作机制。实行建档立卡进出动态管理，将所有符合条件的及时纳入低保范围，做到应保尽保；进一步探索建立解决相对贫困的长效机制，出台可行的保障措施；对于特殊困难家庭，将人员信息提交民政部门复核，由民政部门对符合低保条件的家庭落实兜底保障；三是突出有劳动能力人口的增收帮扶。支持低收入农户因地制宜发展种植、养殖业和传统手工业；积极引导农民合作社和农业龙头企业发展，强化与低收入农户的利益联结机制，发挥带动作用；对有劳动能力的贫困劳动力，实行介绍就业帮扶。

3. 加大财政扶持是脱贫攻坚的有效保障。一是加大财政投入力度。市财政安排"百村万户达新标"奖补资金共1.7亿元，其中，村奖补资金1.2亿元、茅山革命老区专项资金0.5亿元，用于对经济薄弱村发展产业项目的扶持，各市区按1：1配套；省财政于2018年安排资金2800万元，分3年拨付到位；二是加大政策整合力度。各类涉农资金优先支持经济薄弱村，各级各部门安排的各项惠民政策、项目和工程，最大限度地向经济薄弱村和低收入人口倾斜；按照权责一致原则，支持将专项资金、相关涉农资金和社会帮扶资金捆绑集中使用；三是加大政策落实力度。对国家和省、市在金融、用地、税收、人才、创业等各方面的政策和扶持措施，严格落实到位。

4. 增强合力是打赢攻坚战的重要条件。精准扶贫是全社会的事，对204个经济薄弱村和12238名建档立卡低收入农户，实现了市、县、镇三级挂钩帮扶全覆盖。其中，市直110个部门（单位）对101个茅山革命老区经济薄弱村进行挂钩帮扶，并由党员干部负责所在村建档立卡低收入户的结对帮扶，其他村及其低收入户由所在的辖市区为责任主体并进行帮扶，实现全覆盖。具体实施"五个有"挂钩帮扶机制：一是有领导挂帅。市四套班子领导分别带领团队开展帮扶工作。二是有部门（单位）挂钩。市直确定1个牵头部门、3~4个参与部门和单位，与茅山革命老区101个经济薄弱村开展挂钩帮扶；辖市区参照执行，其余经济薄弱村实现全覆盖。三是有党员干部结对。经济薄弱村的建档立卡低收入户，由结对的市、县级部门（单位）以党支部为单位开展党员干部结对帮扶；经济薄弱村以外的建档立卡户，由所在镇（街道）组织机关党员干部结对帮扶，实现全覆盖。四是有企业联动。建立农业龙头企业与经济薄弱村利益联结机制，鼓励农业龙头企业到经济薄弱村建立原料生产基地和农副产品供应基地等，通过项目扶持带动农民增收。五是有第一书记驻村。市、辖市区两级选派热爱农村工作并善于做群众工作的干部到经济薄弱村担任第一书记，开展驻村帮扶。

5. 加强"三资"管理是集体增收的重要途径。一是加强资金使用管理。强化财政监督检查和审计、稽查等工作，按照资金到项目、管理到项目、核算到项目的要求，确保专款专用、发挥效益；每年邀请第三方开展扶贫资金绩效评价，杜绝虚报冒领、截留私分、贪污挪用、挥霍浪费等违法违规问题。二是加强资产产权管理。"双达标"和"达新标"期间财政奖补资金及其他帮扶资金形成的物业资产，其所有权和收益权明确归村集体经济组织所有；及时办理所有权证和土地使用权证，对暂时无法落实"两证"的，通过"三治理一挂牌"行动予以明确。三是加强资产收益管理。严格执行村财会审批制度，确保扶持经济薄弱村发展带来的资产收益用于村集体经济滚动发展、基础设施建设和民生支出事项等，严禁挪作他用。

二、建设美丽乡村，推进乡村振兴

近年来，镇江市致力于脱贫攻坚与乡村振兴的有效衔接，全面落实中央、省委和市委关于实施乡村振兴战略的系列文件要求，按照"产业兴旺、生态宜居、乡风文明、治理有效、生活富裕"的总目标，坚持农业农村优先发展的总方针，以推进农业供给侧结构性改革为主线，不断破解"三农"工作发展面临的矛盾问题，推动了农业提质增效、农村文明进步、农民增收致富。

（一）以优先发展为导向，构建完善推进体系

根据中央乡村振兴战略"三步走"的目标要求，2020年，乡村振兴要取得重要进展，制度框架和政策体系要基本形成。围绕这一目标，镇江市加强乡村振兴的工作谋划，完善制度保障，强化政策供给，初步探索构建了符合镇江实际、顺应发展要求的制度框架和政策体系。

1. 制度保障不断完善。镇江市将乡村振兴战略具体细化为发展"三高"（高端高新高效）农业、建设美丽乡村、完善乡村治理、实现农民增收、加强人才培育、加快改革创新"六大行动"，按照乡村振兴5个方面的要求加以推进落实。市委、市政府先后出台了《镇江市加快推进乡村振兴战略重点工作实施方案（2019—2020）》《镇江市农村人居环境整治专项行动实施方案》《镇江市镇村布局规划优化工作方案》《关于实行双重管理加强村党组织书记队伍建设的意见》等一系列文件，做到工程化实施、项目化推进、目标化考核，为乡村振兴提供了强有力的政策支撑和制度保障。

2. 组织体系不断健全。市委、市政府成立了由主要领导任组长，其

他分管领导任副组长、市级相关部门主要负责同志为成员的全市乡村振兴工作领导小组，下设5个专项工作小组，分别由1名市领导任组长，进一步明确各专项工作组的具体职责。各市、区均健全了乡村振兴组织领导体系，牵头抓好各项工作的推进落实。举办了由各级领导小组成员、各市（区）分管领导、乡镇党委书记参加的"中国共产党农村工作条例"专题示范培训班。

3. 督查考核不断加强。紧盯乡村振兴的关键环节和重点指标，将农村人居环境整治、乡村产业发展、农村综合改革、日常督查调度、脱贫攻坚等相关重点指标列入对各地高质量发展考核。同时，建立了季度现场推进会、日常督查调度、双月通报等制度，推动各项重点工作落到实处。

（二）以产业兴旺为基础，大力发展现代农业

1. 争创了一批"国"字荣誉。句容市创成全国农村产业融合发展试点示范县，如花家庭农场入选农业农村部第一批全国家庭农场典型案例；扬中市被列为2019年部级粮食绿色高质高效示范县；丹阳市珥陵镇成功申报农业农村部农业产业强镇示范建设项目；丹阳市江南生物科技有限公司被认定为"农业产业化国家重点龙头企业"；丹阳嘉贤米业家庭农场稻鸭共作技术荣登央视《新闻联播》；丹徒区高桥镇高桥村获得第九批全国"一村一品"示范村镇称号；镇江市10家农业龙头企业跻身"2019农业产业化龙头企业500强"；镇江江蟹在全国河蟹大赛中获最佳口感奖和金蟹奖；最近公布的全国乡村旅游重点村中，镇江市句容丁庄、丹徒五套村名列其中。

2. 提升了一批特色产业。按照《关于发展"三高"农业的意见》，依托宁镇扬一体化规划，不断优化"三带三区"空间布局，培育形成了优质粮油、高效园艺、特种养殖、休闲农业等特色产业，打造了茶、果、花卉和江鲜"四小花旦"，构建了独具镇江特色的产业体系。完成"两区"划定面积220余万亩；全市绿色优质农产品占比64.97%，绿色防控产品使用面积占比83%，优质食味水稻品种占比64%；全市农产品加工产值与农业总产值比达3.8∶1，位列全省第五。

3. 培育了一批优质品牌。"丁庄葡萄"入选2019中国农业品牌目录、入围首届江苏省十强农产品区域公用品牌大赛决赛，并作为国内唯

一供货商入驻国内首家 costco 上海超市；"恒顺醋业、白兔草莓、丁庄葡萄"入选省《品牌强农助力乡村振兴典型案例选编》；"镇江金山翠芽"获评 2019 年北京世界园艺博览会江苏"十佳名茶"第一名，"茅山长青"成功申报地理标志农产品；选送的草莓在全国精品草莓擂台赛中荣获 5 个金奖；在全省率先举办了镇江市首届优质农产品营销模式大赛。

4. 发展了一批新兴业态。积极培育农业休闲旅游、健康养生、电子商务等新增长点。如举办以草莓、茶叶、水蜜桃、江蟹等为主题的农事节庆活动；扬中河豚文化节已连续举办了十六届，仅 2019 年就接待游客 90 万人次，水产销售日均超过 15 吨。"京东农场"成为全国大田数字农业试点单位，面积 7.1 万平方米的新港智能温室大棚正式投产，为全省单体最大。乡村产业招商明确为全市七大主题招商之一，举办金融服务乡村振兴政银企对接会。

5. 推进了一批科技合作。推进与中国农学会、省农科院等战略合作协议落地见效，与南京农业大学、省农科院共建示范基地或产业研究院 4 个。与省、市农科院联合举办了农业科技嘉年华葡萄发展论坛、红茶专场、猕猴桃品鉴会等活动。强化科技对接服务，建设了一批"1+1+N"新型农技推广团队，形成了一批省级现代农业产业体系，实施了一批"金山英才"现代农业领军人才平台项目，培训了一批新型职业农民，全市"一村一所"覆盖率达 84.8%。

6. 培育了一批乡土人才。实施优秀乡土人才选拔培养计划，开展了优秀乡土人才增补选拔工作，2019 年评选出 154 名乡土人才。改革创新乡土人才评价方式，探索刺绣、锅盖面、竹编等特色协会举荐制，直接举荐 2 人入选省乡土人才。出台了《劳模创新工作室标准化建设实施办法》，建设乡土人才工作室，扶持民间工艺、传统技能传承，先后创成省级以上劳模创新工作室 3 个。

（三）以生态宜居为关键，持续改善人居环境

1. 镇村布局加快优化。坚持把优化镇村布局规划作为实施乡村振兴战略的重要引领，召开了全市统筹推进村庄规划工作现场会，开展了村庄规划专题培训；制定《镇江市镇村布局规划优化工作方案》，镇江市区及丹阳市、句容市、扬中市完成镇村布局规划优化，丹阳经济开发区

马陵村作为第一个"多规合一"的实用性村庄规划编制试点工作，已于2019年完成初步成果。建立健全乡村规划师制度，明确每名规划师联系的具体镇村，定期驻村调研、开展指导。选取丹阳市丹北镇新巷村、扬中市八桥镇利民村、句容市茅山镇何庄村、丹徒区高资街道水台村、镇江新区姚桥镇三桥村5个试点村，完成了村土地利用规划编制工作。

2. 农村环境持续提升。制定了农村生活垃圾治理、农村生活污水治理、农村"厕所革命"、农业废弃物治理4个专项工作方案，建立健全了联席会议、跟踪调度、双月通报、督查督办、综合评估等工作机制，市委、市政府通过现场推进会等对农村人居环境整治进行全面部署、统筹推进。2019年，全省深入学习浙江"千万工程"经验、扎实推进全省农村人居环境整治现场会在丹阳市召开；农业农村部相关领导两次赴镇江市调研农村人居环境整治工作；13家中央媒体集中来镇江市进行"走进美丽村庄"采访；丹阳市红光村，以及句容市丁庄村、唐陵村成功入选农业农村部"千村万寨"展新颜活动。丹阳市、句容市、扬中市和丹徒区被住建部确定为全国首批村庄生活污水治理示范县（市、区）；扬中市创新农村公共服务"八位一体"运行维护机制，被农业农村部和国家发改委推选为首批18个全国农村公共服务典型案例；丹徒区世业镇无害化户厕改造和污水治理得到国务院大督察工作组肯定。

3. 美丽乡村更加宜居。以"生态优、产业特、村庄美、农民富、集体强、乡风好"为导向，全市美丽宜居乡村总数达到309个，美丽乡村达标率达77.3%；全市有3批共11个村庄入选省级特色田园乡村建设试点；按照"保护优先、兼顾发展、合理利用、活态传承"的原则，指导各地大力开展传统村落保护工作，拥有国家级、省级传统村落13个，省级历史文化名村5个。

（四）以乡风文明为保障，繁荣发展乡村文化

1. 深入开展乡风文明建设。各市、区均将农村精神文明建设作为对村党组织书记的考核内容，启动新时代文明实践中心建设试点，充分利用文明宣传栏、善行义举榜、文化墙、宣传长廊等载体，开展社会主义核心价值观宣传教育；定期邀请乡贤好人、百姓名嘴走进道德讲堂、金山理论讲习所，开展道德故事宣传、政治理论宣讲活动。

2. 深入开展文明村镇创建。坚持开展文明镇、文明村、文明户等创

建评选活动，常态化开展百姓大舞台、电影放映、戏曲表演、广场舞大赛等精神文化活动，全市县级及以上文明镇、文明村建成率分别达到93.5%、62.7%，其中，建成全国文明镇3个、全国文明村10个，省级文明镇17个、省级文明村62个，市级文明镇26个、市级文明村101个，拥有全国文明家庭1户、省级文明家庭5户。

3. 深入开展移风易俗工作。坚持"教育引导、实践养成、制度保障"三管齐下，全市各行政村全部设立红白理事会组织，组织老党员、老干部、老生产队长、老退伍军人、老教师等"五老"参与宣传村规民约、倡导文明新风活动。不断加强城镇公益性公墓、骨灰堂等基本殡葬公共服务设施建设，基本实现乡镇骨灰堂全覆盖；大力推进"两沿"范围散坟平迁工作，各市、区进度报表实施党政主要领导"双签字"制度；积极推广树葬、花葬、草坪葬等生态葬式，探索安息堂建设项目，引导群众的思想逐步从"入土为安"变为"入室为尊"。

（五）以治理有效为支撑，全面强化和谐共治

1. 选好配强村书记。出台《关于实行双重管理加强村党组织书记队伍建设的意见》《加强村党组织书记队伍建设八条规定》《村党组织书记政治体检负面清单"双十条"》等政策规定，规定村党组织书记由县乡两级"双重管理"，从选配、管理、考评等方面提出20条村党组织书记队伍建设举措，明确需要"清理退出"和"约谈提醒"的20种具体情形，从严从实抓好队伍建设。稳步推进村书记、主任"一肩挑"工作，"一肩挑"占比达42.7%。

2. 实施网格化管理。成立新网格化社会治理机制领导小组，全面规范"全要素网格"，充分发挥网格长、党员、网格员的主体作用，引导志愿者、社会组织、志趣团体、居民群众等社会力量共同参与，形成了"各方联动、阵地联建、信息联通"的共同治理新格局。扎实开展新一轮扫黑除恶专项斗争，有力有效地维护了农村地区和谐稳定。

3. 强化村民自治。坚持"德治为基础、法治为保障、自治为根本"，乡贤、志愿者等新型社会组织不断发展壮大，"政社互动"推行率达100%。推动党建文化、法治文化、廉政文化、道德文化、诗书文化等深入融合，打造村民喜闻乐见的特色教育文化，涌现了"村民议事会""乡贤长廊"等基层治理模式。

4. 推行党建工作标准化。编制《标准化操作规范手册》，将 77 项党建工作具体化为清单、流程和图表，推动党建标准由"粗"变"细"。按照"四室一厅一栏一广场"高标准建设农村党建阵地，试点运行农村基层党建标准化记实管理系统，推广以"村社合一"党建富民模式为主要内容的"戴庄经验"，切实解决农村基层党组织形象不鲜明、影响不广泛、活动不规范、基础不扎实、带民致富成效不明显等问题，按照"试点—推广"的实施步骤，全市 50% 的村实现标准化。

（六）以生活富裕为根本，不断提高民生保障

1. 深化精准脱贫。认真落实精准扶贫、精准脱贫工作举措，全市建档立卡对象 100% 参加城乡居民基本医疗保险，100% 享受医疗救助待遇，个人缴费部分由政府给予全额资助。全市共 444 户建档立卡危房改造对象，目前已改造完成。在加强帮扶力度的同时，强化政策兜底，2019 年镇江市城乡低保标准上调至 750 元/月。

2. 推动改革增收。扎实推进农村产权制度改革，全市 597 个村集体经济组织基本完成改革任务，占比 100%。2019 年全市 298 个村集体经济组织春节前后进行了分红或福利分配，共分配 4492 万元，其中股份分红 421.9 万元。

3. 拓宽富民渠道。大力培育新型农业经营主体，发展壮大农民经纪人队伍，有效提高农民生产专业化、组织化、标准化水平。目前，全市工商登记农民合作社 3876 家，其中各级示范社 365 家（剔除重复计算部分），国家级 36 家、省级 68 家、市级 95 家、县级 166 家，县级以上示范社比重达到 12.29%。建有家庭农场 2389 家，其中省级示范家庭农场 88 家、市级示范家庭农场 324 家。全市培育示范家庭农场率为 20.38%，示范合作社比重为 12.64%，均列全省第二。

三、正视存在问题，探索破解之策

镇江市虽已全面建成小康社会，但防返贫、巩固脱贫攻坚成果，以及强化脱贫攻坚与乡村振兴有效衔接，依然任重道远。

（一）边缘人口收入不稳

到 2019 年年底，在全市建档立卡人口年度收入构成中，年人均收入在 8500 元以下的有 1002 人，占总人数的 4.28%。经动态监测，全

市还有 888 名脱贫不稳定和边缘人口，他们年均收入在市定标准 8000 元左右，存在返贫和新致贫风险。从致贫原因看，主要为因病、因残、缺乏劳动力，其中，因病因残致贫占绝大多数。从人员比重看，脱贫不稳定 860 人，占大多数，易返贫风险高。从人均收入看，脱贫不稳定人口年均纯收入 8573 元，高于边缘人口年均纯收入 7448 元。

（二）村集体经营性收入稳定性不强

全市 204 个经济薄弱村平均集体经济收入 136.48 万元，其中经营性收入 96.38 万元，占比 70.62%，总体良好。经营性收入不足 30 万元的有 8 个村，少部分村的收入依赖补助收入，"造血"功能不强，脱贫稳定性比较脆弱。

（三）部分项目收益不及预期

近年来，已实施的扶贫产业项目收益呈逐年上升趋势，如 2017 年全市产业项目收益 762 万元，2018 年收益 1574 万元，2019 年 2447 万元，总体发展趋势较好。但是，还存在少数项目建设管理不规范、项目收益低于市场预期值的情况。

（四）少数村及低收入群体内生动力不足

少部分基层党组织书记责任意识不强，"领头羊"作用发挥不够，带领困难群众脱贫致富水平不高。部分困难群众内生动力不足，依靠自身努力脱贫奔小康意识不强，存在"等、要、靠"思想。

（五）乡村振兴高位协调不够

机构改革后，党委农村工作部门挂靠在农业农村局，协调力明显不足，工作不顺畅；镇、村两级"三农"工作队伍更加薄弱；在乡村振兴战略实施中缺乏资金支持和人才支撑。

（六）乡村产业链条不长

尽管镇江市乡村特色产业有一定发展，但优势产业不突出，产业链条的延伸拓展还不充分，尤其是农产品的精深加工和市场营销还不够。

四、巩固脱贫成果，加快乡村振兴

全面建成小康后，农业农村工作进入了一个新的阶段。镇江将进一步巩固提升脱贫成果，建设更高质量小康社会，对照中央提出的"走中国特色社会主义乡村振兴道路"的总任务，重点在"奋战三个主战场、强化四条保障线、打开九个突破口"上下功夫，走出符合镇江资源禀赋、具有江南特点优势的乡村振兴之路，向农业特而优、农村美而和、农民富而乐的方向不断迈进。

（一）进一步巩固提升脱贫成效

全面开展脱贫攻坚"回头看"，掌握各项扶贫政策落实情况；对经济薄弱村和建档立卡人口收入来源和稳定性进行分析，掌握稳定脱贫情况，发现可能影响脱贫质量和稳定脱贫的薄弱环节或问题。结合疫情带来的影响和问题大排查，将问题和不足梳理成册并制定整改清单，逐项整改销号，进一步提升脱贫质量。

（二）严密开展致贫因素动态监测

加强对不稳定脱贫户和边缘户动态监测，定期开展"两摸底"工作，全面掌握"两类人"帮扶政策落实情况、后续帮扶需求情况、家庭收支变化情况，分析脱贫稳定性。建立并落实"一对一"帮扶机制，全面提升脱贫质量。对不稳定脱贫户及时落实帮扶措施，确保脱贫结果真实可靠，防止返贫。对边缘户进一步探索解决相对贫困的有效路径，并将其纳入帮扶对象，防止新致贫，确保脱贫路上"一人不落"。

（三）严格落实"两不愁三保障"

在住房安全保障上，按照查漏补缺的要求，发现有新增危房及时做好鉴定改造，确保住房安全；在基本医疗保障上，落实"基本医疗保险+居民大病保险+医疗救助+慈善救助"四重保障，个人缴费部分由政府财政全额代缴；县域内定点医疗机构住院，个人自付费用控制在政策范围内总费用的10%以内；落实家庭医生签约服务，每年开展免费体检；确定30种大病专项救治定点医院，继续实行"先诊疗、后付费"制度，建立"一站式"结算平台；在义务教育保障上，落实好教育扶持及补助政策，确保建档立卡低收入户子女无因贫失学、辍学。

（四）全力促进困难群众增收

一是开展消费扶贫。动员社会各界扩大消费来自204个贫困村的农副产品，带动贫困人口就业增收，提高经济薄弱村经济收益，助力经济薄弱村产业发展。二是推进产业扶贫。支持经济薄弱村建设一批优质高效产业扶贫项目，进一步完善利益联结机制，有效提升村集体"造血功能"，逐步实现稳定致富。三是加强就业扶贫。开发更多的公益岗位，对物业管理、村庄保洁等低要求岗位，优先聘用贫困劳动力。介绍贫困群众就近到企业、农业合作组织就业，带动贫困群众增收，实现稳定脱贫。

（五）试点解决相对贫困机制

认真梳理相关减贫政策制度，围绕缩小收入差距、实现共同富裕目标，以及聚焦相对贫困群体的就业创业、社会保障、支出型贫困、城乡统筹等关键问题，探索制定系列可操作的长效机制。一是建立并落实防止返贫的长效机制。坚持需求导向，针对低收入群体出台有关农村低收入群体生活保障水平措施，进一步提升农村低收入群体生活保障水平。二是保持政策稳定性，对已脱贫人口做到"四不摘"（不摘责任、不摘政策、不摘帮扶、不摘监管），保持既有政策的延续性。三是深化结对帮扶工作机制。继续深化先富帮后富、逐步实现共同富裕的经验，出台专门激励政策，探索建立村企、村校、村村和户户等结对帮扶工作机制。四是探索解决支出型贫困问题。综合低收入农户的收入支出状况，探索社会保障、村民互助、慈善救助和政策保险等相结合的方式，重点解决好病残孤老灾等特殊人群的支出型贫困问题，保障其享有基本、正常的社会生活。

（六）有效衔接乡村振兴战略

在统筹解决好相对贫困问题的同时，推动经济薄弱地区后发崛起和乡村全面振兴。一是奋战农业、农村、农民三个主战场。农业聚焦特而优。以强化特色、提升效益为重点，推进农业产业特色化、产品品牌化、路径融合化，努力构建"田里有粮、坡边有果、山上有茶、江中有鱼"的特色农业体系。农村聚焦美而和。以美化环境、和谐治理为重点，推动农村人居环境明显改善，构筑村务管理、决策、治理、监督的完整体系。农民聚焦富而乐。以增收致富、服务供给为重点，千方百计为农民增收，继续做好精准扶贫工作，加强公共服务供给，不断提高农民获得感和幸福感。二是强化组织领导、工作推动、改革创新、资源供给四条保障线。进一步建立健全抓县、镇、村三级书记的组织领导体系，抓试点、督查、考核三个机制的工作推动体系，抓"三块地"、三权分置、两权抵押三项改革的改革创新体系，以及抓"钱、地、人"三种资源的资源供给体系，为乡村振兴战略全面推进提供有力支撑。三是打开农村人居环境整治等 9 个突破口。紧紧围绕"三农"工作中的重点目标、重点任务、重点项目，集中力量抓好农村人居环境整治、农业"三化"建设、农业经营主体多元发展、脱贫攻坚、农村基础设施建设、水环境治理、党建引领下乡村治理、提高农业生产力水平、强化公共服务供给等 9 件事，以重点突破带动整体提升。

五、政策建议

从 2015 年起，江苏省财政厅支持实施了两轮富民强村行动计划，在资金、土地、基础设施建设、三次产业融合发展等方面，支持黄茅老区通过精准扶贫开发、培育优势产业等措施，促进经济薄弱村发展和低收入农户增收。建议"十四五"期间稳定既有政策，并加大支持、优惠力度。

1. 以市、县行政区域整建制界定革命老区。镇江市土地总面积 3847 平方千米，农村人口 173.01 万人，有 51 个镇（含涉农街道），590 个行政村（含涉农社区）。列入茅山革命老区的有 12 个镇（街道），即丹阳市的延陵、珥陵、司徒 3 个镇；句容市的白兔、茅山（含茅山管委会）、天王、后白 4 个镇；丹徒区的谷阳、上党、宝堰（含荣炳盐资源区）、高资 4 个镇和润州区的韦岗街道。合计面积 1070.81 平方千米，人口 42.895 万，分别占全市的 27.83% 和 24.79%。镇江全域及茅山革命老区为中国的抗日战争和解放战争做出过重要贡献。建议：就全国而言，将镇江市全域界定为革命老区，享受老区相关优惠政策；就全省而言，将句容、丹徒、丹阳、润州全域界定为茅山革命老区，享受黄茅老区支持政策。

2. 编制茅山革命老区振兴发展专项规划。一个地区的发展，规划是先导。建议省发改委牵头，联合镇江、南京和常州市编制茅山革命老区振兴发展专项规划，广泛征集各县区政府、部门意见，科学合理地编制市、县（市、区）、镇（街）空间规划，编制村庄布局规划，为茅山革命老区振兴发展提供规划依据。在此基础上，建议省委、省政府出台"十四五"期间支持黄茅老区振兴发展的意见，明确资金、土地、基建、科技、人才、产业等支持政策。

3. 加大对茅山革命老区振兴发展的投入力度。茅山革命老区经济不发达、基础设施滞后，近几年来从中央到地方都很重视并给予资金项目支持，茅山革命老区整体面貌得到了改善。但是基础设施投入比较大，特别是茅山革命老区多数处于丘陵山区，道路建设、水利设施等投入比平原更大。建议省委、省政府为茅山革命老区出台更多的优惠政策，促进茅山革命老区的振兴发展。

4. 加大茅山革命老区生态环境保护力度。茅山革命老区地处沪宁经济走廊，是发达地区难得的生态宝地。建议加大森林保护力度，进一步提高森林覆盖率；加大环境保护力度，开展精准治污，大力推进环境整治体系和治理能力现代化，全面完成生态环境综合执法改革，加快形成老区环境监测能力；加强农业面源污染治理，推行绿色农业生产，为沪宁城市群人民留下绿水青山好去处。

5. 重视老促会参与监测评估工作。中办发〔2015〕64号文件提出要"充分发挥各级老区建设促进会的监督评估作用"；2015年实施的《江苏省农村扶贫开发条例》明确县级地方人民政府具体负责本行政区域内农村扶贫开发的组织、协调、推进和监督管理工作。老促会既是社会组织，也是智囊机构，建议充分发挥老同志有威望、有经验、有广泛人脉基础的优势，在实施乡村振兴战略、建设农业农村现代化的伟大工程中发挥应有作用。

（屈振国）

对产业扶贫项目建设的思考

2019 年 12 月，镇江市老区扶贫基金会成立，各辖市、区扶贫基金会也相继成立，标志着镇江市产业扶贫、项目建设从小额借款支持转入贴息贷款大额支持的新阶段，在精准扶贫、乡村振兴、强村富民方面发挥了积极作用。

一、项目总体概况

2020 年，全市扶贫"三会"储备产业扶贫项目 63 个，省、市两级"三会"支持实施 30 个，其中：省级借款项目 14 个，投放资金 315 万元，分别比上年增加 3 个项目和 50 万元。支持种植项目 12 个，农产品加工和工业项目各 1 个；这些项目扶助就业 396 人，平均工资 3.12 万元，带动农户 770 户，平均增收 3.3 万元，助学 63 人，生均帮助 2500元；市级项目 16 个，其中有 5 个基金支持项目已部分实施，但因故未能贷款。在实际支持的 11 个项目中，有借款项目 2 个，借款 35 万元；借转贷项目 4 个，贷款项目 5 个，9 个贴息项目共贷款 770 万元，贴息309086.4 元。市级 11 个项目中，有种植项目 4 个，养殖、种养结合、种加结合、种养加结合、加工、农资和工业项目各 1 个，都具有较高的科技含量。通过市级借款或贴息贷款，带动总投资 6673 万元，扶持就业 214 人，平均工资 2.64 万元，带动农户 786 户，平均增收 3.45 万元，增加村集体经济收入 1371.1 万元，开展技术培训 781 人，助学 62 人，人均 2000 元。各项目单位的资金主要用于基础设施、技术改造、品种更新和助学扶贫、增加流动资金等，扩大了生产能力，尽管受新冠疫情影响，项目单位总产值仍然达到 9835 万元，实现利润 832.85 万元。

二、项目实施成效

2020 年，通过实施省、市"三会"产业扶贫项目，直接吸收农村低收入劳动力 610 人，人均增收 2.95 万元；带动低收入农户 1556 户，户均增收 3.39 万元；帮助贫困学生 125 名，生均帮助 2250 元；同时带动了相关产业的发展和周边农户的增收致富。句容市戴庄村是省市县三级扶贫"三会"联系点，2020 年新增省借款 20 万元，市贴息贷款 100 万元，建成育秧大棚 15 亩，解决了 600 亩水稻集中育秧难题，大棚内实施机械化育秧，节省了育秧成本，保障了双季早稻的秧苗质量，育秧结束后还种植了两季蔬菜，为村集体经济增收近 20 万元，新增就业 20 人，带动增收 4.65 万元；建成碧根果园扶贫基地，带动 6 个低收入农户人均增收 1.5 万元；资助贫困学子 4 名，技术培训 300 人次，比上年增加 120 人次，增长 67%。市扶贫"三会"联系点丹徒区上党镇五塘村湖西家庭农场承包茶园 280 亩，在借款和贴息贷款的支持下，总投资 120 万元，建设水肥一体化自动泵房 1 座，铺设 200 亩茶园喷滴灌装置，更新 40 亩老茶园品种，减少了茶园受旱灾概率，提高了茶园综合产能，提升了茶叶品质，年产值 260 万元，比上年增加 15 万元，增长 6.12%，利润 65 万元，比上年增长 14.04%，增加就业 8 人，资助贫困学生 4 人，每人资助 2000 元，同时，为周边 200 多户茶农代加工茶叶 4000 多公斤，每公斤茶叶增值 600 元，增收 240 多万元，户均增收 1.2 万元。镇江新区大路镇鸿渔家庭农场在市扶贫"三会"支持下，贴息贷款 90 万元，承包 200 亩鱼池，建成标准化养殖池塘 30 亩，进行种苗繁育，养殖 170 亩龙虾、螃蟹和黄鳝等特种水产品，年产 4.5 万公斤，产值 180 万元，实现利润 60 万元，对村集体经济贡献 9.6 万元，带动农户 12 户，带动就业 16 人，发放工资 25 万元，助学 10 人，生均 2000 元，技术培训 15 人。润州区爱园健康科技有限公司在市扶贫"三会"支持下，贴息贷款 100 万元，通过自有绿蒙石黏土专利技术及醋糟有机基质等技术运用，打造阳台农业、蓝莓鲜果种植 30 亩，形成"智慧土壤"产学研一体化的新型技术体系，绿化了城市，为市民补充了新鲜安全果蔬，为江滨小学提供了农业科普教育，为老人提供了怡情愉悦空间，兼具生态、社会和经济效益，年产值 354.9 万元，实现利润 7.85 万元，带动扶助就业

30 人，带动农户 40 户，为集体经济贡献 22.5 万元；2020 年 9 月还与荷兰铪科农业签订了战略合作协议，把"智慧土壤"产品推向欧盟市场。镇江市扶贫"三会"的联系点是扬中市中华村中林电器有限公司，2020 年由省、市"三会"分别向该公司提供借款 10 万和 15 万元，下半年借转贷 100 万元，总投资 3500 万元，主要生产除尘设备，年产值 1950 万元，利润 80 万元，上缴税收 210 万元，全厂吸纳 17 人就业，其中贫困家庭劳动力 7 人，占 41%，平均工资 4.5 万元，贫困劳动力工资总额占全厂 37%，带动农户 15 户，增加村集体经济 3 万元，助学 3 人。

三、项目实施方法

1. 明确项目支持对象与范围。年初，疫情刚有好转，镇江市扶贫"三会"即部署项目建设工作，印发通知并开会明确，基金支持以农业产业化项目为主，以农民合作社、家庭农场、种养殖大户为主，以"三会"联系点或经济薄弱村为主，以贷款不高于 100 万元、贴息不高于 5 万元为主，以能产出、有效益的项目为主，以壮大村集体经济、带动扶贫就业、扶持贫困户为主，以消费扶贫中的电商等项目为主，兼顾农业加工型企业、农业社会化服务组织、农村中小企业。扶持的项目主要是乡村产业、公共事业和公益服务，有利于增加村级集体经济收入，有助于增加就业、带动低收入农户增收致富，有益于服务农民。

2. 慎重选择支持项目。重点支持有志气、有信用、适应市场需求、符合优化产业结构、绿色发展的项目，并且具有带动性、成长性和可行性。突出把关申报主体资格，做到九不批：借款项目担保主体不合规定的不批，贴息贷款用途不明的不批，只为套取资金的不批，项目没有科技含量的不批，项目带动增收效果不明显的不批，项目基础不好前景又不看好的不批，在既往政府部门项目管理中有违规违纪的不批，在借款项目和银行贷款中有失信记录的不批，在当地镇村干群中口碑差、缺乏社会责任感的不批。项目需经过主体申报、村级初筛、镇街初审、县区复审、市"三会"现场考察，由市"三会"会长办公会研究确定。

3. 精细跟踪项目服务。坚持高质量指导，在项目实施过程中，有选择、有重点地对部分项目实施中期检查，组织专家对新发展项目进行指导；坚持高标准服务，强化项目单位的社会责任感，市扶贫"三会"优先安排项目单位参与培训，参加会议，交流经验，帮助他们提高诚信意识、发展意识、帮带意识；坚持高效率监督，对项目单位资金用途实施监督，对帮带情况由镇村实施督查、跟踪，对项目实绩由市或县区"三会"组织核查。

四、做好产业扶贫项目的几点启示

1. 坚持正确站位是做好扶贫项目的重要前提。"三会"系统的产业扶贫项目不同于政府部门的产业发展项目，既要发展产业，还要带动扶贫，更要注重资金安全。用老思路、老办法、老观念来管理项目，不能适应新要求。要坚持先看项目单位的信用，其次看项目负责人是否热心公益，最后看项目体量是否过大，既要绿色发展，又要产生较好的经济效益。

2. 坚持程序标准是降低资金风险的重要保证。严格执行省市借款项目管理规范和基金会项目管理办法，坚持分级管理，逐层把关、民主会商程序，加强与相关部门、银行的沟通联系，做好必要的担保手续，深入了解项目主体和担保单位的征信情况，杜绝人情项目、带病项目、虚假项目，确保资金放得下、收得回、有效果。

3. 坚持全程服务是保障项目扶贫效果的重要方法。各级"三会"都要明确一名副会长作为产业扶贫项目的责任人，在项目实施过程中，不定期地对项目单位的实施情况进行检查指导，深入田间地头、车间农户了解项目主体生产状况，看生产是否正常，查带动是否真实，做到心中有数，以防不测；同时，有关县区还根据项目实施内容，主动协调农口等相关部门，让项目单位技术人员有针对性地参加有关培训班，不断提升项目一线人员的实际操作技术水平，提高项目的成功率和经济效益，确保项目资金用途正确，扶贫措施落实有效，促进有限资金发挥最大扶贫效益。

（屈振国）

推进
乡村振兴

关于更大力度地建设
镇江国家农业科技示范园
创建国家农业高新技术产业示范区的建议

    乡村要振兴，科技需先行；老区要振兴，园区做示范。茅山革命老区是一个集老区、山区、相对贫困区和传统农业区于一体的经济相对欠发达地区，也是长三角经济发达地区少有的生态环境优美区域，具有建设"红色茅山、绿色茅山、科技茅山、富裕茅山"的良好基础。近期，我们在茅山革命老区调研时了解到，2015 年 12 月镇江市被科技部批准创建镇江国家农业科技示范园，并在句容东部干线两侧建设核心区，为茅山革命老区振兴提供了强有力的科技支撑，也为乡村振兴提供了示范样本。

    自国家农业科技示范园创建以来，核心区已经取得可喜进步，科技成为园区特色产业的助推器，更是老区建设的一张亮丽名片。（1）组织架构基本形成。设立了镇江国家农业科技园区管委会，组建了园区开发公司，句容市财政设立了园区建设、科技专项资金。（2）功能规划初步制定。形成"一带一核三园"格局：东部干线农业科技创新示范带；现代农业产业科技创新中心；丘陵现代农业示范园，农业科技成果展示园和现代高新农业科技园。（3）主导产业特色鲜明。农博园、茶博园、花博园、农业电商园、葛园、紫园、万山红遍果品园和葡萄小镇等亮点纷呈，奠定了园区良好的产业基础。（4）科技创新初见成效。拥有茶业、草莓等省级科技创新公共服务平台，与南农大、合肥工大、南林大、省林科院、省农职院、市农科院共建了科技研发平台，承担了国家科技富民强县项目、国家级星火计划、国家农业科技成果转化、省重点研发计划等重点科技项目，已获得一批科技成果、农业专利、授权作物新品种，成功纳入第一批国家级科技特派员创业基地，搭建了农业信息化服务平台等。

在看到成效的同时，对照国家农业科技示范园建设标准和国家级农业高新技术产业示范区创建标准，我们也发现，在体制机制、投入力度、土地政策、人才引进等方面还存在不小提升空间，为此，我们提出如下建议。

一、高起点谋划创建"江苏省低山丘陵农业高新技术产业示范区"

1. 机遇不可错失。2018年年初，国务院办公厅印发了《关于推进农业高新技术产业示范区建设发展的指导意见》（国办发〔2018〕4号）（以下简称《意见》），对促进农业科技园区提质升级、推进农业高新技术产业示范区建设发展进行部署。《意见》明确，到2025年，布局建设30个国家农业高新技术产业示范区，打造具有国际影响力的现代农业创新高地、人才高地、产业高地。探索农业创新驱动发展路径，显著提高示范区土地产出率、劳动生产率和绿色发展水平。坚持一区一主题，依靠科技创新，着力解决制约我国农业发展的突出问题，形成可复制、可推广的模式，提升农业可持续发展水平。此前，国家仅在陕西杨凌（咸阳）、山东黄河三角洲（东营）分别就干旱半干旱、盐碱地设立了两个农高区。江苏省其他10个建有国家农业科技园的市已经在摩拳擦掌，争创氛围浓厚，创建"农高区"机遇难得，必须紧抓不放。

2. 具备创建基础。镇江市地处长三角茅山革命老区，在全省六大一级农业生态区中，覆盖了低山丘陵、太湖、沿江高沙土三大生态区，特别是低山丘陵涵盖了茅山、宁镇、宜溧（天目山余脉）等江苏的主要丘陵，创建农高区具有很强的地域代表性（符合一区一主题要求）；镇江市农业科教资源优势突出，江苏大学的农业工程、江苏科技大学的蚕桑、江苏农林职业技术学院的园林园艺、镇江高专的旅游、市农科院的作物育种与花卉、果品等在全省乃至全国都是优势专业，在宁镇扬一体化背景下，宁扬涉农科研院所与镇江市联系紧密，南京农业大学、扬州大学、江苏省农业科学院在镇江市设立了相关研究院，创建农高区具有强大的科技支撑；镇江市着力培育的优质粮油、高效园艺、生态林业、特种养殖、休闲农业等五大主导产业，基本形成了特色鲜明、结构优化、经济与生态效益兼顾的现代农业生产体系、产业体系和经营体系，特别是镇江国家农业科技示范园核心区的经济林果产业尤为突出，创建农高区具有鲜明特色的产业优势；2017年句容国家现代农业示范区农业现代化水平考核位居全国第13位，2018年1月句容市又被国家发改委选入首批全国农村产业融合发展示范园创建县（市），创建农高区具有国家农业科技示范园提质升级的基础优势。

3. 正视创建差距。对照创建国家级农高区标准和省内先进国家农业科技示范园，镇江市在重视程度上不及淮安、投入强度上不及常熟、创新力度上不及溧水，在产业集中度、人才集聚度、园区基础设施等方面也有不小差距，需引起市、县两级党委政府的高度重视。

4. 高点定位创建。一是"四至"规划要"明"。以白兔全境为中心，将北至边城镇的农博园、南至茅山镇的葛园、西至丁庄葡萄小镇、紫园规划在内，土地面积控制在200平方千米左右（陕西杨凌135平方千米，山东黄河三角洲350平方千米）。二是定位起点要"高"。打造中国低山丘陵地区农业创新驱动发展的先行区，农业供给侧结构性改革的试验区，实施乡村振兴战略的先导区，高质量发展、绿色发展的引领区和中国特色农业体制机制创新示范区，成为长三角低山丘陵农业发展新理念、新技术的源泉，成为茅山革命老区经济增长的发动机，成为镇江经济和社会发展的智力库、决策支持系统和创新基地。三是功能规划要"准"。核心区规划为"二核五园"：现代农业产业科技创新中心、园区管理培训生活服务中心，丘陵现代农业示范园、一二三产融合产业园、农业高新技术示范园、农业科技成果展示园和国际农业合作园〔苏台（镇江）农业合作创业园〕。致力于培育具有国际竞争力的农业高新技术产业，带动农业增效、农民增收、农村增绿、老区振兴。

二、高标准建设镇江国家农业科技示范园

1. 时间标准要高。镇江国家农业科技园是2015年12月获批的全国第七批国家农业科技园区之一，创建期为3年。2016年正式确定在句容建设核心区，2017年3月启动核心区建设规划。尽管原有基础较好，但由于启动相对较慢，在全省11个国家农业科技园区中，形象进度处于中下位次，距离国家验收仅剩不到一年时间，建设任务紧迫而艰巨，必须以2019年上半年迎检为标准，倒排时序，倒排工期，加快建设。

2. 建设标准要高。对照向科技部申报的《总体规划》"一核心四示范"，特别是核心区"一区六园"布局规划，要在巩固提升农博园、花博园、茶博园、农业电商园的基础上，加快建设核心区中的核心——现代农业产业科技创新中心，围绕农业科技"创新、创业、服务"三大功能，打造园区科技引领农业发展的智慧中枢和服务平台；形成人才集聚高地；建立生产、教学、研发、金融、推广高度融合，科技要素集聚和体制运行完备的研发中心。加快建设集科技、生产、加工、培训、示范、观光为一体的综合性、多功能农业科技成果展示园，完善配套加工物流园，推动形成产学研、产加销一体化。

3. 内涵标准要高。围绕农业科技创新集成、成果孵化、试验展示、国际合作、农产品精深加工、商贸物流和综合服务等功能，打造以经济林果、农业科技研发、农业创业孵化、加工物流和现代服务业为主导的产业内涵，把农业科技园区建设成创新创业的重要基地、培训职业农民的大课堂、成果示范推广的主阵地、集聚创新资源的重要载体、农业农村改革的试验田，培育国家级乃至世界级农业高新技术企业，打造农业高新技术产业集群。

4. 目标标准要高。建设好国家农业科技园是创建"农高区"的基础和必要条件。全国创建30个"农高区"，意味着平均每省仅有1个，只有位居全省第一的国家农业科技园才有被推荐升级为"农高区"的可能，因此，镇江国家农业科技园的建设目标只能是全省第一，这样才有可能成为江苏创建"农高区"的唯一。

三、高强度投入科技园建设、农高区创建

1. 招引工商民资。近年来工商资本、民间资本投资农业的力度不断加大，出现了"联想佳沃农业""京东农场""阿里养猪""褚橙"等，引进工商、民间资本投资科技农业正当其时。

2. 鼓励科研院所投资。借鉴镇江国家大学科技园做法，制定优惠政策，在镇江国家农业科技园内建设驻镇涉农高校、科研单位农业科技园，吸引宁扬涉农高校、科研单位入园；鼓励大学生、留学生进园

创业。

3. 引进外商投资。充分发挥镇江市与日本、以色列、意大利等国农业合作紧密的优势，建设国际农业合作园；用好苏台（镇江）农业合作创业园平台，吸引更多的台湾农业院所、企业、农民入园研发、创业。

4. 盘活土地资源。在园区科学规划的基础上，用好国家土地增减挂钩政策，对园内空心村进行整理，将土地指标优先供应给园区，土地指标净收益返还用于园区建设。

5. 加大财政投入。句容财政已安排每年 1 亿元专项资金给予先期启动，鉴于创建国家农高区投入较大，建议镇江财政也给予必要支持；整合涉农资金，优先投向园区；积极争取国家、省各类涉农项目资金，集中投入园区建设。

四、高位协调解决农高区创建中的重大问题

1. 落实市委决策。中共镇江市委七届七次全会明确提出，支持句容创建国家农业高新区，高标准建设镇江国家农业科技园区，实现科技资源整合共享、创新效能整体提升。

2. 建立协调机制。从已获批的陕西杨凌、山东黄河三角洲农高区来看，它们都是省政府直属的正厅级事业单位，而且 2019 年上半年镇江国家农业科技园要迎接科技部验收，还涉及丹阳、扬中、丹徒、镇江新区的示范园，时间紧、任务重，仅靠句容的力量是不够的，应当建立中共由镇江市委分管领导任组长、市政府分管科技和农业的市长任副组长、相关部门和科研院所领导为成员的领导小组，高位协调推进各项创建工作的落实。

3. 解决重大问题。一是协调宁镇扬涉农高校、科研单位特别是驻镇高校与园区共建研发创新中心和成果展示园问题；二是根据《国家科技园区考核管理办法》，需要协调镇江市人大常委会审议通过园区创建总体规划问题；三是协调解决园区创建的体制机制问题；四是协调镇江财政及市级相关部门，整合资源，加大多元投入力度，支持园区建设问题；五是积极争取科技部、省政府对创建农高区的支持问题。

五、高层级建立园区管理机构

1. 外市有借鉴。大凡园区建设成效明显的，其管理层级也相对较高，江苏省的淮安、泰州、南通、无锡及溧水等国家农业科技园，都是副处级以上建制。

2. 工作有需要。按照科技部国家科技园区创新能力监测评价体系要求，镇江园区需要做好包括丹阳、扬中、丹徒、镇江新区示范园在内的全镇江范围的动态监测评价体系中的数据收集、衔接和上报工作，为考核验收做准备；创建农高区涉及的镇江市级部门就更多，仅靠设在句容核心区的科级管理机构，在协调、推进、集成各地各部门资源和园区创建等方面的工作存在相当大的难度，如能把园区管理规格升级为处级机构，并实行中共句容市委、市政府与镇江市科技局双重管理，园区创建工作或许会更顺畅。

（屈振国）

市委主要领导批示：

请倪斌、丽虹同志研究。

2018. 8. 20

市政府分管领导批示：

请夏秘书长牵头协调，尽快按上次商定的，组建镇江市农高区创建领导小组，并同时建立相关制度，包括双月调度、进展通报、信息共享等等。

2018. 8. 20

余晖

关于对"十四五"镇江茅山革命老区振兴发展的几点建议

习近平总书记高度重视革命老区的振兴发展，多次视察革命老区，对革命老区振兴发展做出了系列重要指示，要求"把革命老区建设得更好，让老区人民过上更好生活"。作为全国六大山区抗日根据地之一的镇江茅山革命老区，必须坚守老区振兴发展的政治责任，大力弘扬"老区精神"，以巩固脱贫攻坚成果、有效衔接乡村振兴为抓手，以传承红色基因为重点，以生态保护修复为前提，以加快基础设施建设为突破口，依托资源禀赋，突出比较优势，增强自我发展能力，缩小地区发展差距，激发经济增长新动力，以更强担当、更实举措推动镇江茅山革命老区全面振兴发展，加快现代化建设步伐。

中央、省、市高度重视革命老区建设，曾分别印发《关于加大脱贫攻坚力度支持革命老区开发建设的指导意见》（中办发〔2015〕64号）、《省政府办公厅关于在黄桥茅山革命老区组织实施富民强村行动计划的意见》（苏政办发〔2014〕91号）和《中共镇江市委 镇江市人民政府关于加快茅山革命老区振兴发展的意见》（镇发〔2016〕22号），不断加大对以茅山革命老区为重点发展对象的扶持力度，致力于强弱项、补短板，以建设"强富美高"新镇江为目标，老区经济社会迅速发展，人民群众生产生活条件明显改善，到2019年年底，全市全面完成脱贫攻坚"双八"目标，全面建成小康社会，开启乡村振兴新征程。

最近，中央在徐州召开会议，胡春华强调，"明年'三农'工作重心将全面转向乡村振兴，要对标国家现代化目标认真谋划推进农业农村现代化的任务举措，抓紧研究制定分类推进乡村振兴实施方案"。在"十三五"收官和"十四五"开启的交汇之年，脱贫攻坚向乡村振兴衔接的关键之年，镇江市扶贫"三会"会同各市、区"三会"在广泛开展调查研究的基础上，对"十四五"期间镇江茅山革命老区振兴发展提出如下建议，供有关部门在编制"十四五"发展规划时借鉴，供市委、市政府决策参考。

一、目标定位

大力弘扬"老区精神"，着力打造红色品牌，擦亮绿色发展底色，增强高质量发展动力，强化基础设施建设，壮大优势特色产业，切实解决突出民生问题，把镇江茅山革命老区打造成全国知名的红色文化传承区，全国革命老区高质量发展先行区，践行生态文明的绿色发展示范区，沪宁城市群重要生态安全屏障，把革命老区建设得更好，让老区人民过上更好生活，谱写新时代镇江"强富美高"新篇章。

二、工作重点

1. 做大做强优势产业。扭住产业发展这个"牛鼻子"，增强老区振兴发展动能，持续壮大县域经济；坚持以供给侧结构改革为主线，推动农业特色发展，走绿色优农、质量兴农、品牌强农之路；推动农产品加工业转型升级，努力构建全链条、全循环、高质量、高效益的农产品产业体系；推动高端制造业集群集约发展，加快技术创新，增强竞争优势；加快培育高技术、战略性新兴产业，建设一批生物医药、节能环保、信息技术、新材料、新能源等重大项目，强化核心竞争力，完善产业链条；推动文化旅游融合发展，做优做强旅游业，坚持"红""绿"产业叠加，打造核心景区和精品旅游线路，打造镇江"三山"、句容茅山核心旅游品牌，为老区发展、乡村振兴注入新动力；加快构建现代产业体系，大力发展信息服务、研发设计、现代物流等生产性服务业，优化老区产业生态，筑牢振兴发展的根基。

2. 持续深化改革开放。创新体制机制，建设开放平台，完善开放格局；进一步优化开放发展环境，以开放聚资本、聚人才、聚技术，以开放促改革、促发展、促创新，激发老区振兴发展的活力，培育开放型经济发展新优势。加强与"一带一路"等国家重大发展战略对接衔接，支持一批对外产能合作项目走出去；深化长三角、宁镇扬一体化，强化产业、生态、市场等区域合作，推进区域交通、旅游、金融等一体化发展。主动适应全面深化改革要求，跟进改革探索，全面推行重点领域综合执法，全面放开城镇落户限制，深化农地、宅基地"三权"分离，推进农村集体产权制度改革，赋予农民对集体资产股份享有占有、受益、有偿退出及抵押、担保、继承权等。

3. 切实保护生态环境。茅山革命老区地处沪宁经济走廊，是发达地区难得的生态宝地。必须强化生态建设，夯实老区振兴发展绿色基底，牢固树立绿水青山就是金山银山的理念，筑牢生态屏障，把良好生态作为重要的核心竞争力，加大森林保护力度，坚持保护优先、合理开发，尽力保持原生态自然环境，善于依托绿色生态资源加快发展；擦亮绿水青山底色，统筹抓好山水林田湖草综合治理，进一步提高森林覆盖率，加快实施一批重点生态项目，建立完善生态补偿机制；加强农业面源污染治理，推行绿色农业生产，大力发展生态旅游、休闲农业、健康养生等绿色经济，推动老区生态优势加快向产业优势、经济优势转化；加大环境保护力度，开展精准治污，大力推进环境整治体系和治理能力现代化，加快形成老区环境监测能力；完善和落实生态文明制度，做好治山理水、显山露水的文章，走好生态优先、绿色发展的路子。

4. 强化基础设施建设。加大政策支持，加快交通、水利、信息（包括 5G、大数据、物联网等）、能源等重大基础设施建设，推动老区基础能力再上新台阶；持续完善基础设施建设，打造重要的区域性互联互通综合交通枢纽；着力提升公共服务水平，加大对老区教育发展的扶持力度，提升农村基础教育质量；加快卫生服务体系建设，重视重大疫病预警监测能力建设，提升农民健康水平；强化文体设施建设，提升农村文明水平；科学推进新型城镇化，构建区域中心城市、县城、中心镇、特色小镇协调发展新体系，加快美丽乡村建设，努力形成以城带乡、城乡融合的宜业宜居新格局。

5. 优化人才队伍结构。强化重才意识，树立求才导向。树立强烈的人才意识，尊重知识、尊重人才，引进优秀人才，吸引回归人才，培养实用人才，用好各类人才，把打造一支优秀人才队伍作为老区振兴的基础工程和动力支撑。改进引才模式，提升聚才实效。继续实施"金山英才"计划，实行开放的人才引进模式，聚天下英才而用之；实施柔性引才，对接沪宁"人才库"，通过项目合作、技术顾问、挂职交流等方式，推动人才资源共享；健全市场机制，深度融入长三角、宁镇扬人才一体化发展；做强项目载体，重点依托苏南国家自主创新示范区、现代化示范区、低碳城市创建等重大机遇，以新能源、新基建、新材料、大数据、云计算、区块链、机器人等新兴战略产业项目聚人才、促发展。创新用才管理，激发人才活力。提高人才配置效能，充分发挥用人主体的主导作用，引进急需紧缺人才，实现用当适任、用当其才；强化人才鼓励支持，通过项目补助、平台资助、人才奖励等方式，为人才落实支持资金，营造创新创业的良好氛围；创新人才激励机制，推行绩效考核，为敢干事、能干事、干成事的人才提供舞台。完善爱才服务，营造惜才氛围。加大服务力度、拓展服务深度、升华服务温度，打造全方位、立体化人才服务保障体系，定期开展"点对点""面对面"联络服务，帮助其解决遇到的困难和问题；注重解决人才的生活问题，让各类人才舒心生活、安心工作、专心发展。

6. 着力解决相对贫困。据国家统计局镇江调查队监测资料显示，2019 年镇江市农民人均可支配收入为 26785 元，如果按照低于平均收入40% 计算，镇江市农民的贫困线是 10714 元，收入水平低于农村平均数的人口比例占 65.2%。"十四五"期间应重点解决贫困边缘人口的支出型贫困问题，让中低收入群体全部达到基本生活水准，消除低收入家庭和个人在就业、教育、医疗、住房、养老等方面的困难。坚持扶贫减贫政策的连续性，保持救济性扶贫政策稳定，强化保障性、能力提升性扶贫政策，夯实多元化产业增收机制，推进城乡基本公共服务均等化，注重激发低收入群体内生动力，坚决阻断代际贫困传递。对困难家庭要应保尽保，不让一户掉队，不落下一个人。要加快补齐短板，筑牢老区振兴发展的坚实基础。

三、配套措施

1. 加强党的领导，坚持人民至上。正确把握好 5 个关系：一是把握好领导带头与强化基层的关系，既要抓住领导干部这个关键少数，发挥好示范表率作用，又要建强基层组织特别是村级（社区）党组织这个重点，更好地组织、宣传、凝聚、服务群众。二是把握好基层民主与依法治农的关系，既要加强农村法治建设，严格依法办事，自觉履行好法律规定的义务；又要扩大基层民主，实行村民自治，充分调动和发挥农民群众参政议政的主动性和积极性，集思广益，把村里的事情办好。三是把握好激发内力与用好外力的关系，深刻认识内因的决定性作用、外因的重要推动作用，坚持自力更生、自立自强，善于借力发展、借智发展，实现内力、外力同向发力。四是把握好精神动力与物质基础的关系，在弘扬老区精神中汲取信念力量、感悟人民至上、激发担当自觉、砥砺斗争意志，引导和激励人们积极投身老区振兴发展事业，推动精神力量转化为物质财富。五是把握好苦干实干与能干巧干的关系，既要静下心来、扑下身子，多做打基础、利长远的事，绵绵用力、久久为功；又要加强学习、提高本领，讲求科学、把握规律，创造性开展工作。

2. 传承红色基因，弘扬老区精神。保护红色资源，开展红色教育，充分用好句容、丹阳、扬中和丹徒《革命老区发展史》，抓好老区精神深度发掘和创造性转化，凝聚老区振兴发展精神力量，打造全国知名的红色文化传承区；强化协同联动，为加快老区振兴发展提供有力保障，健全市级协调机制，发挥县（市、区）、镇（街）主体作用，强化政策落实，以实际成效展现"镇江很有前途"的现实模样，加快老区振兴发展。

3. 积极对上争取，合理界定老区。据民政部民发〔1979〕30 号、财政部财税〔1979〕85 号、江苏省民政厅苏民农〔1980〕11 号和苏民农〔1986〕2 号《关于对革命根据地范围的意见》，镇江茅山革命老区乡镇数占全市乡镇总数的 81.25%，面积占 96.25%，人口占 84.25%，镇江人民在第二次国内革命战争时期和抗日战争时期做出过重要贡献，因此，建议向民政部、财政部等部门争取将镇江市全域成建制列入茅山革命老区范围，并享受相关优惠支持政策。据江苏省民政厅有关文件精神，镇江市列入茅山革命老区示范区（核心区）的有 19 个乡镇，经乡镇合并后现为 12 个镇（街道），即丹阳市的延陵、珥陵、司徒 3 个镇；句容市的白兔、茅山（含茅山管委会）、天王、后白 4 个镇；丹徒区的谷阳、上党、宝堰（含荣炳盐资源区）、高资 4 个镇和润州区的韦岗街道，合计面积 1070.81 平方千米，人口 42.895 万，分别占全市的 27.83% 和 24.79%。建议向江苏省民政厅和财政厅等部门争取将句容、丹徒、丹阳、润州全域界定为茅山革命老区示范区，享受黄茅老区优惠支持政策。

4. 编制专项规划，出台政策意见。一个地区的发展，规划是先导。建议由发改委牵头，联合句容、丹徒、丹阳和润州区编制茅山革命老区振兴发展专项规划，广泛征集各镇街、部门意见，科学合理地编制市、区、镇（街）空间规划和村庄布局规划，为茅山革命老区振兴发展提供规划依据。在此基础上，积极对上争取，建议江苏省委省政府出台"十四五"期间支持黄茅老区振兴发展的意见，进而出台市委、市政府关于茅山革命老区振兴发展的实施意见，明确资金、土地、基建、科技、人才、产业等支持政策。

5. 加大要素投入，明确支持措施。一是财政政策。加大省、市财政一般性转移支付力度，逐步增加革命老区转移支付资金规模，扩大支持范围；二是金融政策。实施差别化贷款利率政策，加大革命老区支农贷款力度，积极推进革命老区农村金融产品和服务方式创新；三是投资政策。积极争取国家在老区贫困地区安排的重大公益性建设项目，取消县以下（含县）配套资金；四是土地政策。在满足城镇化需要的基础上，允许老区将城乡建设用地增减挂钩节余指标在全市域范围内使用，相关收益用于支持改善农民生产生活条件；五是生态补偿政策。加大重点生态功能区转移支付补助力度，以秦淮河、太湖等流域为重点，试行上下游开展横向生态保护补偿；六是帮扶政策。继续开展机关部门、事业单位与老区村结对帮扶，派驻村第一书记，建设"万企联万村，共走振兴路"乡村振兴示范工程；七是科技政策。优先推进"一村一所"挂钩，派驻科技特派员，建立科技创新载体和示范园区，推动产学研结合；八是人才政策。加大市、县机关、事业单位与老区镇村干部双向挂职、交流任职工作力度，为茅山革命老区引进人才出台优惠政策和办法，从政治进步、生活待遇、职称评定、子女入学、工作条件等方面关心支持，使人才引得进，用得上，留得住。

（屈振国）

市委主要领导批示：
茅山革命老区的振兴和高质量发展是当代镇江人应承担的政治责任

余晖

和应有的政治担当。"三会"的同志们心系老区、心系民生、心系乡村振兴，付出了许多心血汗水和个人资源，取得了较大成效，形成了特色经验，既要向"三会"的同志们学习，也要"同频共振"，共同促进老区振兴发展。提出的目标、重点、政策建议都很好，请发改、民政、句容、丹徒、丹阳、润州阅研。老区的区域界定事宜适当慎重，望认真研究上级政策，分析利弊，科学研究，以免"顾此失彼"。

2020. 8. 10

建设宜居宜业的新乡村

　　党的十九大报告正式提出了乡村振兴战略，2018 年 1 月，《中共中央 国务院关于实施乡村振兴战略的意见》发布，明确了该战略 2020 年、2035 年、2050 年三个阶段的目标任务。十九届五中全会通过的"十四五"规划建议，围绕优先发展农业农村、全面推进乡村振兴主题，从提高农业质量效益和竞争力、实施乡村建设行动、深化农村改革、实现巩固拓展脱贫攻坚成果同乡村振兴有效衔接等 4 方面，对"三农"工作进行了全面部署，明确了今后农业农村发展与改革的目标任务，是新时期我国农业农村发展的行动纲领。

　　镇江市实施乡村振兴战略 3 年来，制定了 2019—2020 年重点工作实施方案，形成了系列支持政策，试点镇村正在积极有序地推进，初步取得了阶段性重要进展。特别是去年，市委、市政府在 5 月和 10 月两次召开全市乡村振兴暨"万企联万村 共走振兴路"行动现场观摩推进会，集中展示镇江乡村振兴的新进展，深度探索乡村振兴新路径，以农村美、农业强、农民富为目标，全面推动农业提质增效、农村文明进步、农民增收致富，有力推动了乡村振兴高质量发展。

一、镇江市农村宜居宜业环境明显改善

　　近 3 年来，镇江市围绕乡村振兴战略实施，开展了建设美丽乡村、完善乡村治理等"六大行动"，制定了《镇江市农村人居环境整治专项行动实施方案》《镇江市镇村布局规划优化工作方案》等系列文件，做到工程化实施、项目化推进、目标化考核，为乡村振兴提供了强有力的政策支撑和制度保障。按照产业强市部署，依托宁镇扬一体化规划，不断优化镇村产业布局，农村特色产业正逐步形成。针对城乡最主要差别

余晖

在公共服务、最突出短板在基础设施这一情况，加大力度补短板、强弱项，农村公共服务水平得到明显提升。

（一）农村人居环境整治成效显著

1. 镇村布局加快优化。坚持把优化镇村布局规划作为实施乡村振兴战略的重要引领，镇江市区及丹阳市、句容市、扬中市完成镇村布局规划优化，丹阳经济开发区马陵村作为第一个"多规合一"的实用性村庄规划编制试点工作，已完成初步成果。选取丹阳市丹北镇新巷村、扬中市八桥镇利民村、句容市茅山镇何庄村、丹徒区高资街道水台村、镇江新区姚桥镇三桥村5个试点村，完成了村土地利用规划编制工作。

2. 农村环境持续改善。市委、市政府通过现场推进会对农村人居环境整治进行全面部署、统筹推进，制定了农村生活垃圾治理、农村生活污水治理、农村"厕所革命"、农业废弃物治理4个专项方案，建立健全了常态化推进机制，农村生活垃圾集中收运率达100%，农村生活污水处理设施行政村覆盖率达100%，新改造农村无害化卫生户厕3.44万座，圆满完成农村人居环境整治3年行动目标任务。丹阳市、句容市、扬中市和丹徒区被住建部确定为全国首批村庄生活污水治理示范县（市、区）；扬中市创新农村公共服务"八位一体"运行维护机制，被农业农村部和国家发改委推选为首批18个全国农村公共服务典型案例；丹徒区世业镇无害化户厕改造和污水治理得到国务院大督察工作组肯定；丹阳市红光村，以及句容市丁庄村、唐陵村成功列入农业农村部"千村万寨"展新颜活动。镇江市的农村环境整治工作受到农业农村部、省委、省政府充分肯定，中央媒体集中来镇江市进行"走进美丽村庄"采访。

3. 美丽乡村更宜居。以"生态优、产业特、村庄美、农民富、集体强、乡风好"为导向，全市美丽宜居乡村总数达到309个，美丽乡村达标率达77.3%；开展特色田园乡村建设试点21个（省级11个、市级10个），其中5个创成并获省级命名；在5个乡镇公共空间治理先行试点基础上，正在全市面上全面推开。按照"保护优先、兼顾发展、合理利用、活态传承"的原则，大力开展传统村落保护工作，拥有国家级、省级传统村落13个，省级历史文化名村5个。

（二）农村特色产业初具规模

1. 形成一批特色产业。市委、市政府高度重视高新、高端、高效农业发展，培育形成了优质粮油、高效园艺、特种养殖、休闲农业等特色产业，打造了茶、果、花卉和江鲜"四小花旦"，构建了独具镇江特色的农业产业体系。初步形成了句容后白味稻小镇、白兔草莓小镇、丁庄葡萄小镇、郭庄能源小镇、丹徒上党汽车小镇、辛丰轴承小镇、新区大路航空小镇、扬中新坝电器小镇、油坊光伏小镇、丹阳司徒眼镜小镇等一批各具特色的农村产业小镇。

2. 创成一批国家荣誉。句容市创成全国农村产业融合发展试点示范县，扬中市被列为 2019 年部级粮食绿色高质高效示范县；丹阳市珥陵镇成功申报农业农村部农业产业强镇示范建设项目；句容后白西冯村、茅山丁庄村、天王唐陵村、丹徒高桥镇高桥村等获得全国"一村一品"示范村称号；句容丁庄、丹徒五套村名列全国乡村旅游重点村；全市 10 家农业龙头企业跻身"2019 农业产业化龙头企业 500 强"，丹阳市江南生物科技、句容天王唐陵苗木市场被认定为"农业产业化国家重点龙头企业"；句容丁庄葡萄、郭庄纪兵农机等一批合作社获国家农民合作社示范社称号；江苏润果"京东农场"成为全国大田数字农业试点单位，句容如花家庭农场入选农业农村部第一批全国家庭农场典型案例，丹阳嘉贤米业家庭农场稻鸭共作技术荣登央视《新闻联播》。

3. 叫响一批农业品牌。镇江香醋、金山翠芽、茅山长青、丁庄葡萄、戴庄越光大米等获批原产地地理标志产品；白兔草莓、丁庄葡萄等入选农产品区域公用品牌；金山翠芽、茅山长青等高档茶叶，草莓、水蜜桃、江蟹等农产品在全国大赛中屡获金奖；扬中河豚、新区长鱼脆丝、句容茅山老鹅等农家菜也在省乡村菜肴评比中获奖。

（三）农村公共服务水平明显提升

1. 农村公路实现提档升级。丹阳、句容、扬中全部创成"四好农村路"省级示范县，全市行政村双车道四级路通达率已达 100%。"句容福道"入选江苏"最美农路"十大自驾游线路。

2. 公共服务水平加快提升。推动优质公共教育资源向农村倾斜，定向培养 374 名乡村教师，乡村"两类学校"校舍建设和设备设施已按标准配备到位，创建 1 个省教育服务"三农"高水平示范基地。公共卫生医疗资源向农村扩散，参照二级医院标准建设农村区域性医疗卫生中心，全市按标准设置乡镇卫生院37个、村卫生室311个，实现乡镇全覆盖。社会保障向农村覆盖，对困难群体做到"参保、代缴、领取待遇"三个100%，城乡居民基础养老金最低标准提高到每人每月170元。

3. 农村文明程度明显提高。积极培育文明乡风。出台标准规范，建成"六有"县级新时代文明实践中心5个、新时代文明实践所42个、新时代文明实践站547个，句容市"葡萄架下的文明实践"科技助农文明实践活动品牌，获评全国学雷锋"四个100"最佳志愿服务项目。3个镇、15个村荣获全国文明镇村荣誉称号。扎实推进法治乡村建设，全市共有372个村（社区）被命名表彰为省级民主法治村（社区），建成率51.8%。

二、影响镇江市农村宜居宜业的主要因素

在打赢脱贫攻坚战、全面建成小康社会的进程中，尽管农村人居环境、就业创业氛围明显改善，但城乡发展不平衡、农村发展滞后问题仍很突出，农村资金、土地、劳动力等资源要素还在大量流向城市，基础设施、公共服务与城市比还是两个天地，"三农"还是全面现代化的"短腿"。

1. 人力流失严重。受工业化、城镇化虹吸效应影响，农村资源要素特别是中青年大量外流，造成村庄空心化，人气不旺，农村呈现出衰落、凋敝的景象。

2. 生活设施匮乏。多数镇村缺乏商业综合体，购物环境不如人意；上网不及城市方便快捷；快递、物流业务远不能满足时代要求；相当部分农民还没用上天然气。

3. 发展要素受限。用地难、融资难、农产品销售难等问题没有从制度层面解决，农村为城市廉价供地、供人、供钱、供食状况未能从根本上改变，以城带乡、以工补农机制尚未真正完善。

4. 基础设施落后。多数行政村通自然村（组）道路狭窄，满足不了汽车发展出行需要；城市里习以为常的给排水设施，多数农村地区还非常匮乏；农村生活污水集中处理率较低；农村水利欠账较多，不能满足现代农业发展需要；公共基础设施管护体制不能适应可持续发展要求。

5. 公共服务较差。农民工参加城镇医疗保险的不到40%，农村居民养老金水平和低保标准远远低于城市居民，新农合与城镇居民医保差距还很大，农村学校、卫生院与城市差距也不小，影剧院、体育馆等文体设施更加匮乏。

一边是繁荣的城市，一边是凋敝的农村，这不符合我们党的执政宗旨和社会主义本质要求，也不能达到全面现代化的目标。

三、加快建设宜居宜业的新乡村

中央"十四五"规划建议提出实施乡村建设行动，并把乡村建设摆在社会主义现代化建设的重要位置。

在乡村振兴战略下专门提出乡村建设行动，就是因为乡村建设历史欠账多、发展基础弱、农民呼声高，如果不抓紧行动起来，通过一段时间集中建设，就难以补上农村现代化的短板；如果不快马加鞭发展得更好一点，城乡和工农差距会越拉越大。乡村建设包括经济建设、文化建设、乡村治理等，是一项系统工程。

1. 加快编制乡村建设规划。以构建"一体、两翼、三带、多片区"总体布局为目标，加快市域一体化发展。统筹市域内城镇、乡村布局，科学编制好镇村建设规划。坚持先规划后建设，合理确定村庄布局分类，严格规范村庄撤并。分类推进乡村建设，优化乡村山水、田园、村落等空间要素，打造特色小镇，使之成为县域社会经济发展的着力点与增长极、乡村发展的龙头与中心、农民及其乡村居民的生产与生活服务综合体；创建乡村中心，坚持区域特色，传承乡土文化，打造人文景观；创新特色产业集群，通过跨界、跨业、跨区，实现各类元素融合，促进多元素的资源化配置，实现产业创新与业态创新；培育新型产业农民，大力发展以"新农人"为主体的乡村产业农民群体。加快形成一批历史记忆深刻、地域特色鲜明、现代设施完善、环境面貌优美、发展活力显现的新型现代乡村。

2. 加速城乡融合发展进程。健全城乡融合发展体制机制，推动以工补农、以城带乡，城乡要素平等交换、双向流动，形成工农互促、城乡互补、协调发展、全面融合、共同繁荣的新型工农城乡关系，坚决遏制

余晖

乡村衰败，增强农业农村发展活力。围绕强化"钱、地、人"等要素的供给，健全投入保障制度，创新投融资机制，加快形成财政优先保障、金融重点倾斜、社会积极参与的多元投入格局；深入推进村企联建，促进公共资源城乡均衡配置。深化农村土地制度改革，建立健全土地要素城乡平等交换机制，加快释放农村土地制度改革的红利；推进城乡双向开放，打通市民下乡通道，在扩大农村集体产权结构开放性方面迈出更大步伐，以稳定经营主体预期、促进可持续规模经营为目标，进一步扩大承包地产权结构的开放性，实现"城市让生活更美好"的理想，满足部分市民对"乡村让心灵更向往"的渴望；打通农民进城通道，推进以人为核心的新型城镇化，彻底消除城市吸纳外来人口的体制障碍；完善城镇新增建设用地规模与农业转移人口市民化挂钩政策，以优化人口结构、保障外来人口自住需求为目标，有序扩大农村宅基地产权结构的开放性，探索宅基地所有权、资格权、使用权分置实现形式；以提高配置效率、发展乡村产业为目标，进一步扩大农村集体建设用地产权结构开放性。畅通智力、技术、管理下乡通道，抓好招才引智，促进各路人才"上山下乡"投身乡村振兴；努力创造条件让农村的产业留住人，让农村的环境留住人；大力培育新型职业农民，全面建立职业农民制度，培养一大批乡村本土人才。

3. 加强乡村基础设施建设。有序引导城乡公共基础设施统一规划、建设、管护，在农村快速交通、宽带网络和物流设施等方面加大投资，着力推进水电路气讯等公共基础设施往村（组）覆盖、往户延伸；适应农业机械化需要，提升道路的综合功能；适应智能化乡村产业与智慧乡村生活的需要，推进数字乡村建设。加快农田水利建设，大力建设高标准农田，完善乡村小流域治理。在做好规划的基础上，实施农村人居环境整治提升五年行动，突出抓好通自然村（组）道路、农产品仓储保鲜冷链物流等既方便生活又促进生产的基础设施建设，继续抓好农村厕所革命和生活污水、垃圾收集处理，建立健全长效管护机制；有序推动农房改造，积极稳妥推进农村宅基地改革，健全城乡统一的建设用地市场；改进农村绿色生态，治理农业面源污染，改善村容村貌，提升农村的生活生产环境。有选择地恢复传统村落的田园风光与历史风貌，为发展乡村旅游创造条件。

4. 加力城乡公共服务均等化。建立城乡统一的社会保障体系，逐步缩小城乡低保、医保、劳保差距。大力发展城乡教育联合体和医疗联合体，促进教育、医疗、养老、文化等资源优化配置，向乡村覆盖，推动城乡基本公共服务优质化、均等化、一体化发展，让农民享受到和城镇居民基本一样的公共服务。特别要加强县城、中心镇和中心村的公共服务能力建设，提升县城综合服务能力，把中心镇建成服务农民的区域中心，让农民群众有更多获得感、幸福感、安全感。

5. 加大乡村治理改进力度。推动行政管理向区域共同治理转型，打造一体化的区域共同治理与管理平台；塑造区域公共品牌，构建公共品牌引领与促进区域创新发展；加快构建促进市场主体创建的制度创新与政策创新体系；尊重各经营主体"责、权、利"的平等权利诉求与承担，通过建立分享机制，使各利益主体合理组建，共同发展，构建起可持续发展的机制基础；抓好乡村精神文明建设，持续推进农村移风易俗，推动形成文明乡风、良好家风、淳朴民风。

四、健全乡村建设的支持体系

实施乡村建设行动，必须全社会思想高度统一，组织工作更加周密，要素投入更加有力，农民参与更加自觉。

1. 转变乡村发展方式。中央一号文件明确指出，脱贫攻坚取得胜利后，要全面推进乡村振兴，这是"三农"工作重心的历史性转移。因此，必须加快推动传统农村向现代乡村社区、传统农业向现代乡村产业、传统农民向现代职业农民及乡村发展形态的四大转型：一是传统乡村向特色村镇转型。推动现有村镇向特色定位、特色产业集群支撑、特色服务功能转型发展；塑造村镇公共品牌与村镇发展灵魂，使特色村镇成为乡村发展的有力支撑与区域经济发展的新型增长极。二是传统农业向现代乡村特色产业集群式发展转型。壮大优势产业，立足区域特有资源优势，大力发展现代乡村特色优势产业；利用新型资源，培育乡村新型产业，大力发展现代乡村综合性服务业，如农业科技创新服务、乡村生活性服务业、乡村环保产业等。三是传统农民向现代职业农民发展转型。构建起以乡村产业为纽带的新型农民支撑乡村建设的"新农人"群体。四是市、县域发展向区域特色化发展转型。充分发挥新乡村综合服

余晖

务功能，在培育区域性乡村主导产业的基础上，推动主导产业发展向乡村产业集群化方向发展。

2. 凝聚乡村建设合力。乡村建设是一项综合性行动，需要人民代表大会、农业农村、水利、住建、自然资源与规划、科技、卫生健康、文旅、教育、工业信息、生态环境、交通、民政、国资委、财政等各个部门在乡村振兴过程中发挥各自作用，人大要制定严格的地方法规，为最大程度保护和修复古村古镇提供制度保障；农村工作领导小组需要加强统筹，做好组织协调工作，注意发挥各类社会组织、志愿者队伍、国企、民企等社会力量在乡村经济建设、文化塑造、环境治理、乡村新生活方式培育，以及乡村养老、助残、儿童教育服务等方面的独特优势，协调推进乡村建设行动。

3. 坚持农民主体地位。乡村振兴只有依靠农民，文化才能传承，产业才能兴旺，乡村才能可持续发展。政府和社会组织不能越俎代庖、替民做主。要尊重农民意愿，把乡村建设成农民美丽幸福的家园。乡村要适应农民生产生活需要，有效利用农业资源，促进可持续发展；乡村生活体现着低生活成本、低碳生活方式、群体性娱乐方式及天人合一的生存理念，保持优良的传统乡村习俗是弘扬优秀农耕文化的组成部分，农民生活需要现代化，但不是城市生活方式的复制，而是在尊重乡村生活习俗基础上的与时俱进。要提高农民的组织化程度，任何排斥农民的农业都将成为乡村产业发展动力的桎梏，要突出培育新型农业经营主体，规范农民合作社和家庭农场运营。尊重乡村特点，树立乡村整体理念，坚持方便生活、利于生产原则，体现生态、社会、文化、教育和教化价值，科学规划乡村，合理设计住宅，让农民在乡村建设中真正成为主人，充满幸福感。

（屈振国）

对推进丹阳市杏虎村乡村振兴的初步思考

自 2000 年起，丹阳市司徒镇杏虎村被列为江苏省"三会"和镇江市、丹阳市"两会"三级挂钩联系点。在多次实地考察、调查研究的基础上，杏虎村通过调整农业结构，发展种植水蜜桃，促进了农业增效、农民增收。农田收益从 20 世纪末种植旱杂粮亩产二三百元到现在的水蜜桃亩收入近万元；农民收入从 2000 年前人均年收入不足 1900 元，增加到 2018 年的 2.2 万元；村集体收入由 1999 年的不足 10 万元，提高到去年经营性收入 54 万元，总收入达到 160 万元，基本实现了脱贫目标。如何巩固提升脱贫攻坚成果，实施乡村振兴战略，成为杏虎村发展的新课题，为此，镇江、丹阳两级"两会"对杏虎村进行了深入调研，提出了推进杏虎村乡村振兴的初步思路。

一、推进杏虎村乡村振兴的优势分析

1. 绿色生态优势。该村有农户 1179 户、4182 人，区域面积 15000 余亩，其中水田 8700 余亩，园地 800 余亩，水面 2700 余亩，70% 以上属丘陵岗坡地，农业资源开发潜力很大；村内几无工业，污染较少，生态环境良好，是沪宁沿线发达地区难得的净土。

2. 红色资源优势。杏虎村是革命烈士许杏虎、朱颖夫妇的故乡，2019 年是他们牺牲 20 周年，在中美关系错综复杂的情况下，杏虎村是不可多得的爱国主义教育资源。

3. 农业产品优势。经过 10 多年的农业结构调整，已经形成了以水蜜桃为主的应时鲜果基地，拥有水蜜桃 1500 亩，加上蓝莓、梨、葡萄、蟠桃等，果品总面积达 2000 多亩，年产各类果品 600 余吨。在原丰洛村，传统工艺生产的豆制品也行销镇江、丹阳、常州地区。

4. 旅游设施优势。经过两轮"脱贫攻坚双达标行动"，以及市、县、镇三级的帮扶，杏虎村已形成了较好的乡村旅游设施基础。村内流转土地近 3000 亩，拥有 4 个农庄和一个果品合作社，建筑面积 3500 多平方米，适合吃住、休闲、垂钓、采摘、观赏、租种认养，其中万新农庄已交由丹阳市文化旅行社运营，初步具备年接待游客 2 万人的能力。

5. 政策利用优势。杏虎村有 1.25 平方千米属于江苏丹阳现代农业产业示范园核心区，具有相应政策、项目、资金倾斜利用的便利。

6. 交通区位优势。杏虎村距镇江、丹阳都仅 15 千米，沪宁高速公路、丹西公路穿村而过，紧临高速公路河阳出口，交通十分便捷，区位优势明显。

二、影响杏虎村乡村振兴的主要问题

1. 村级班子能力不强。杏虎村由原高甸、五龙、北陵、丰洛 4 个行政村合并而成，现有 19 个自然村，51 个村民小组。村"两委"现有村干部 6 名，其中镇管干部 3 名、村聘干部 3 名，来自原各村。由于村班子成员各自为政，谋求原各村利益，凝聚力不强，导致全村发展难以形成共识，农业园区项目难落实，各项惠农强农政策也难以全面落实到位。

2. 村庄基础设施薄弱。自然村布局凌乱，村内道路、路灯配套不全，村庄脏乱差现象无明显改观，缺乏生气。

3. 种植结构不够合理。一方面，农业资源利用不充分，种植布局不合理，仍有相当部分岗坡地种植低产低效的旱杂粮；另一方面，果品以水蜜桃为主，且品种结构单一，中熟品种占比偏大，导致上市集中，过度依赖帮扶单位助销，市场化程度不高。

4. 旅游设施简单粗放。许杏虎、朱颖烈士纪念馆设施陈旧，陈设简单，内容不全；几个农庄规模普遍不大，特色不明显，互补性不强，附加值较低，季节性较强，市场覆盖面狭窄，尚未形成集聚效应。

三、推进杏虎村乡村振兴的初步思路

通过对影响杏虎村乡村振兴的优、劣势分析，不难看出，立足资源

开发，发展乡村旅游，扬产品之长成产业优势，化绿水青山为金山银山，补基础设施之短建设美丽乡村，是推进杏虎村乡村振兴的基本路径。

（一）目标定位

通过3~5年的努力，依据全国乡村旅游示范村创建标准，将杏虎村打造成一个集"观光、旅游、休闲、度假、红色教育"为一体的国家级乡村旅游示范村；再经过3~5年的建设，让杏虎村成为全国乡村振兴示范村。

（二）基本思路

1. 科学制定规划。良好生态环境是杏虎村最大的优势和财富，实施乡村振兴战略，必须以"两山理论"为指导，走乡村绿色发展之路。要守住生态保护红线，推动乡村自然资本加快增值，让良好生态成为乡村振兴的支撑点。目前，杏虎村正委托苏州规划设计院编制规划创意农业生态园，要树立城乡融合、一体设计、多规合一理念，统筹考虑产业发展、土地利用、村庄布局、公共服务、生态保护等，把挖掘原生态村居风貌与引入现代元素相结合，传统农耕文明精髓与现代科技有机结合，村内资源与村外景观（如湖塘水库、现代农业示范园）无缝对接，让农民不出村落就能够分享一二三产业融合发展的效益和现代生活的便利。

2. 产业结构优化。以提升产业竞争力为目标，推进农业供给侧结构性改革，构建杏虎村产业新格局。大力调整种植结构，充分利用岗坡地资源，发展应时鲜果，努力做到四季有花、四季有果；积极调整品种结构，推动水蜜桃早中晚熟均衡上市；推进一产与二三产业融合，大力发展"农业+加工业（比如桃汁、脱水桃片、蓝莓酱、豆制品等）""农业+旅游业（采摘、租种认养、农事体验等）""农业+互联网（线上线下一体化营销）""农业+服务业（农资供应、农事托管、包装、冷链物流等）"，推进产业层次向中高端迈进，壮大村集体经济；以提升产品质量安全为基础，做大做强"杏虎"品牌，提高绿色优质农产品比重；强化科技装备支撑，高水平建设省级现代农业园核心区，加快引进最新科技成果在杏虎村转化应用；加快农业全程机械化步伐，稳步提高高标准农田比重；大力开展土地流转，发展适度规模经营，提升杏虎村

余晖

农产品的市场占有率。

3. 基础设施靓化。申请省市县相关部门重建许杏虎、朱颖烈士纪念馆，设立放映厅，全面介绍以美国为首的北约轰炸我驻南斯拉夫使馆事件及其在国内外引起的强烈反应；声讨北约罪行的展览厅；中央及各级领导题词展览厅；收集整理当年悼念烈士的签名、横幅、信件和物品，征集书画名家字画，制作牌匾；设置许杏虎、朱颖烈士生平事迹展览厅，以增强其爱国主义教育基地的视觉冲击力与感染力。在科学规划的基础上，完善村内自然村间的骨干道路，硬化自然村内道路，安装路灯，以方便出行和物流运输；通过立项，全面建设高标准农田，完善农田水利体系；在广泛调研的基础上，建设农产品加工企业和冷藏运输系统；健全乡村旅游设施，强化游客集散中心建设，完善厕所、停车场、民宿、景点间慢行系统，大力开发民俗文化旅游产品，增强游客参与性、体验性、娱乐性和吸引力。

4. 生态环境美化。结合"不忘初心、牢记使命"主题教育，动员全村干群深入开展人居环境整治大会战，以"三清一改"、垃圾分类为抓手，对家前屋后、村庄道路、园林绿化、河岸沟渠、田间地头的垃圾杂草进行全面清理，对违章违建等"疑难杂症"全面整治，对荒山荒坡荒地全面绿化，对生活污水、人畜粪便全面无害化处理，对主干道旁农居墙面，喷绘社会主义核心价值观、传统文化、村规民俗，弘扬先进文化，传播正能量，营造干净、整洁、优美的人居环境，推动人居环境质量全面提升，形成"水清岸绿路洁村美"的新农村风尚风貌。以"美丽宜居示范村"五龙村为样板，在规划的基础上，通过立项，对空壳村、旧学校、原村委、废塘坝进行改造开发，全面推进美丽乡村建设。

（三）配套措施

1. 强化组织建设。乡村振兴战略要落地生根，党的建设特别是村级党组织发挥着引领作用。要增强村级党组织凝聚力、战斗力，关键在人，特别是要配强村书记，充分发挥"领头雁"作用；同时，注重村级班子队伍的选优培强，吸纳大学生、返乡创业人员、退伍军人和致富能手等优秀人才加入村级党组织，提升干部队伍素质；建立健全村书记抓总、班子成员分工负责制，以"抓铁有痕、踏石留印"的作风，统筹推进乡村振兴各项措施的落实；强化"不忘初心、牢记使命"主题教育，吸取原村书记错误教训，建章立制，完善考核标准，深化干部监督，严肃"四风"问题治理，惩治村、组微腐败；要根据并村实际，对留任原村干部实行交叉分工，让其换位思考，增强全局观念；打破原行政村建立党支部方式，创新以产业、合作社、农庄、妇女、老年等方式设立基层党支部，从根本上整顿软弱涣散和各自为政的现状，增强组织凝聚力；加强党员教育，健全"三会一课"，深化"五事联动"主题党日活动，将全村党员干部培养成为敢于创业、廉洁自律的经济社会发展引领者，为乡村振兴战略提供人才保障。

2. 强化社会治理。人是生产力中最活跃的因素，群众的事要靠群众办，乡村振兴同样需要坚持农民主体地位，让农民参与乡村振兴全过程，这是推动乡村振兴最重要、最管用、最长久的内生动力。要在提升基层党组织凝聚力的基础上，全面振兴农村群众性自治组织、农民合作经济组织等各类组织，把广大农民群众有效组织起来，建立村民议事制度，增强农民参与村级事务决策、管理和监督能力，提高村民自治水平；通过农家书屋、文化广场和党员活动中心等场所，组建红白理事会等民间组织，发扬"好家风"、营造"好乡风"、形成"好民风"，将德治与法制融入社会治理，弘扬先进文化，优化农村文化环境，提高乡村文明水平；通过建立村规民约、理论宣讲、健康义诊、文体活动等，提高广大农民群众的思想精神境界；通过组织群众到先进地区参观考察、传授农业科学技术、讲解市场经营知识等方式，帮助他们开阔视野、更新观念，提高农民生产经营管理能力和致富水平；通过发展农民合作社等经济组织，解决农民分散生产、组织化程度低、抵御市场风险能力差等问题，提高农民的组织化水平。

3. 强化村强民富。实现农民生活富裕是乡村振兴战略的根本目标，增强村级集体经济实力才能提升为村民公共服务的能力。要学习戴庄经验，实行村社合一，切实解决村与果品合作社分治问题，注重利益分配的公平，保护和实现农民利益，充分发挥农民的积极性、主动性和创造性，兼顾发展集体经济与富裕农民。围绕乡村旅游、果品、豆制品，依托合作社发展加工、包装、冷藏、营销，形成产业链，增加村集体稳定的经营性收入；做大做响"杏虎仙桃节"等农事节庆活动，聚集人气、财气。积极推进集体产权制度改革，加强村集体资源、资产、资金"三资"管理，加快土地流转，发展规模经营，提质增效社区股份合作社，实现村民变股民，产权变股权，提高广大农民的参与意识，发展乡贤经济，引导农民创业就业，强化集体经济组织的服务功能，有效盘活集体资产，合理开发集体资源，壮大村级集体经济，使农民真正获得财产性收入，构建农民增收长效机制。

4. 强化政策落实。在科学制定村级总体发展规划的基础上，按照美丽乡村、基础设施、产业发展、生态环境、乡村文化、公共服务等制定详规，并将规划细化为项目，通过立项，有针对性地对上争取政策、项目、资金支持，把各级政府的强农惠农政策全面落到实处；充分利用"江苏省丹阳现代农业产业示范园"核心区优势，通过增加投入，强化农业基础设施建设，提高农田标准化水平，优化农业产业结构，塑造区域农业品牌，打造特色田园综合体，全面提升农业现代化水平。

（屈振国）

市政府分管领导批示：

请志强书记、荆局长、庆丰书记认真学习、落实举措、整合各方资源，打好杏虎村的乡村振兴牌。

2019. 11. 21

疫情防控下破解生鲜农产品卖难问题的实践与思考[*]

——以句容市丁庄葡萄为例

正当葡萄等应时鲜果相继成熟上市之际，突如其来的南京疫情给丁庄葡萄进入传统市场南京城和南京市民出城采摘造成了极大不便，丁庄农民为今年的葡萄销售十分担忧。

丁庄村是以葡萄产业为特色的全国"一村一品"示范村，葡萄面积2万余亩，总产量2万多吨，涉及农户1900多户，如不及时有效地解决葡萄卖难问题，将直接影响农民收入，甚至影响农村和社会的稳定。

消息传来，中共镇江市委、市政府高度重视，主要领导在第一时间深入句容丁庄等地了解情况，共商破解特殊时期生鲜农产品卖难之策，政府部门迅速行动，社会力量紧紧跟上，一场疫情防控下的生鲜农产品卖难歼灭战就此打响。

一、破解生鲜农产品卖难问题的实践

（一）疫情防控、生产经营"两不误"

实践证明，一场散发疫情在严格处置下一般需要经历1~2个月，严重的需要3~4个月才能扑灭，这将严重影响成熟生鲜农产品的上市营销。为此，市、县两级扶贫"三会"积极响应市委、市政府号召，迅速动员全会系统，会长带队深入生产一线调研，为葡农出谋划策。一方面，按照防疫要求对外来进村人员查验身份证、健康码、行程码，对来

---

* 本文发表于《中国老区建设》2022年第5期。

余晖

自疫情低风险地区人员加验核酸检测阴性证明，对中高风险地区人员进行管控，对储运车辆、包装物品进行消毒，填报相关信息，与村内联系人核实来往必要性或订单合同方可放行。另一方面，组织系统内老科技工作者、亚夫团队专家志愿者深入田间地头指导葡萄生产，通过增强通风、及时补给水分延长功能叶片寿命，争取延长葡萄挂果时间（巨峰延至9月中旬，夏黑、阳光玫瑰延至9月底10月初）；适度增加适宜品种冷藏储备，加快转化应用成熟技术成果等，有序有效地控制产品市场投放周期。

（二）市内市外、线上线下"双循环"

2020年，丁庄葡萄实现销售额2.7亿元，旅游采摘是农户葡萄销售的重要途径，核心区游客年接待量达60万人。据调查，丁庄葡萄常年销售比例为：休闲采摘40%（其中南京市民占80%），农户自销35%，合作联社25%，主要销往南京。预计今年受疫情影响，销售量将下降30%，即6000~8000吨。市扶贫"三会"会同句容"三会"适时建议实行部分"市场转移"，暂缓宁扬"西北"市场，主攻苏锡常镇沪"东南"市场。丁庄村党委书记方静坦言：往年镇江市场都难得一见丁庄葡萄，更别说苏锡常了。以往丁庄的合作渠道是"盒马鲜生"，主要供应南京市场，有10多家卖场。今年，针对南京疫情，丁庄葡萄销售开辟了多元化渠道：叮咚买菜，市场主要在上海，有许多分支，由总部统一供货；盒马集市，它填补了过去从南京到上海中间城市的市场空白，苏锡常镇市场都有了丁庄葡萄。同时，引导市民消费，推动句容人吃句容葡萄。目前正在做"百果园"渠道，它有青岛、徐州、上海、南京4个片区，丁庄葡萄主要供应南京、青岛、徐州3个片区，每天都要上货2万斤。最早上市的夏黑品种，从开始上市到销售结束，仅用了三天的时间，眼下开始上市的露地巨峰葡萄，销售形势趋好。

同时，全力增加线上客户。句容扶贫"三会"联合邮政公司推出的"茅山林品"上线，邮政公司与丁庄葡萄合作联社签约，省内包邮优惠价每箱葡萄运费5元；利用中国老区建设促进会"一村一品"宣传优势，扩大丁庄葡萄知名度。茅山镇政府为了支持今年丁庄葡萄销售，专门抽调了4名年轻、素质较高、精通电商销售运营的机关干部，在原有丁庄葡萄天猫旗舰店、抖音等线上销售的同时，利用直播带货的影响力，扩大品牌影响力，增加销售量。

（三）政府部门、社会力量"双发力"

南京疫情发生以来，镇江市各级政府部门迅速行动，社会力量积极响应，急农民所急，为农民解难。镇江市农业农村局组织相关部门和"苏宁易购""京东""我的社区365"等电商平台负责人，赴句容市丁庄村践行"我为群众办实事"主题活动，会同句容市农业农村局共同开展产销对接工作，助销农产品1.6亿元，近期他们还将组织镇江农产品电商直播技能大赛暨阿里巴巴淘宝直播认证培训；镇江市发改委在句容白兔、丹徒上党等镇启动"消费帮扶在行动 发改喊你来下单"主题活动；镇江市总工会充分发挥"工人之家"作用，发动企事业单位开展消费扶贫行动，通过发放职工福利的方式解决了部分农产品滞销问题；镇江市供销社利用省农副产品展示展销中心平台助力丁庄葡萄的销售，借助理事单位句容便民优选电商公司联合省农商行以"'疫'起助农、'葡'写爱心"为主题，开展了"帮助句容葡萄销"大型公益直播活动，直播当日现场销售7000箱葡萄；镇江市扶贫"三会"组织理事单位，联系高校、医院、大中型民营企业等单位对接丁庄葡萄及其他联系点村，协助销售桃、葡萄7万多箱近40万斤；镇江市工商联组织"万企联万村、共走振兴路"企业家沙龙，助销葡萄、黄桃等农产品；镇江高专组织大学生开展农产品电商创业大赛，突出助力茅山老区农产品销售；"玫瑰心香家园"等公益团体、慈善志愿者团队也纷纷行动，积极响应市委、市政府号召，通过朋友圈、微商为困难群众、残疾家庭销售生鲜玉米、无花果等滞销农产品，体现了一方有难、八方支援的团结互助精神。

（四）应收尽收、加工销售"双增收"

"今年的丁庄葡萄基本做到应收尽收，绝不让老百姓跑冤枉路、回头路！"除极个别产品质量不达标的农户以外，绝大多数营销困难农户的葡萄都被合作联社收购。

合作联社在收购环节严格执行产品标准，分级标准按各销售渠道的订货要求来制定，实行分级收购，分级作价，分级结算。在丁庄葡萄分拣中心收购现场，营农指导员工作台上贴着价格标准：葡萄果穗全紫色，单穗重在300克以上，每斤5.6元；葡萄果穗达不到全紫黑色，单穗重在 300 克以上，每斤 5 元；葡萄果穗紫红色，单穗重在 300 克以上，每斤 4.5 元；单穗重 200~300 克，每斤 3.5 元；单穗重 150 克以下，每斤 2.5 元。

单穗重 300 克以下属于残次品，主要用来做深加工，生产义利康酵素，这是合作联社新投产的加工项目。由于收购价格普遍比去年提高了 10%~15%，老百姓是非常满意的，但据介绍，联社平均每斤要亏损 0.3~0.4 元。目前的工作重点主要是稳定市场，稳定农民情绪，同时稳定农民收入。在中后期，争取扭亏为盈，供货量上来以后，各项成本分担就会降低。

二、疫情防控下暴露出的生鲜农产品营销问题

（一）疫情导致经营成本上升

据了解，因为多数走中高端平台，尽管不同销售渠道成本有所差异，但今年的葡萄销售成本普遍不同程度地增加了。盒马鲜生加 6% 的扣点，每箱葡萄的成本近 9 元，还不包括场内物料费、促销费；百果园除包装、运输成本外，还要加 3% 的扣点；合作联社要支付给营农指导员提成，每斤约亏 0.3 元。8 月 20 号开始，叮咚买菜陆续上货，主要供应上海，批量比较大，期间若出现爽约，还将失去在价格上的谈判底气。

另外，疫情下物流稀缺，镇江市范围内各个省道、高速公路道口都设卡口，车难进出。丁庄葡萄唯一出路选择在金坛道口，从金坛道口迂回送往南京。为了把运输成本降到最低，合作联社选择了专业的物流公司和专职驾驶员，每天做核酸检测，不让驾驶员回家，只允许做丁庄到目的地门店的点对点物流。但是由于大多数地区普遍拒绝外地车辆，尤其是"苏A""苏K"牌照，交通卡口不断盘问检查、填表登记，部分驾驶员不愿意参与运输，一方面货送到目的地不能及时收货，另一方面怕一不小心健康码变红码，就要被隔离 14~28 天。

运输费用随即高涨，运输成本大大增加。进南京就要找从南京过来的货车，7.6 米长车要 1400 元运费，比之前增加了 600 元；送货去上海就要从上海本地找车，然后到丁庄拉货回上海，往返运费要 2400 元，比以前要高 1000 多元。所以物流成本是今年葡萄销售最大的成本，而

且驾驶员不愿意跑，因为环节多、消耗时间长，还有被隔离的风险，收费自然高。合作联社要求所有驾驶员穿防护服，并承诺销售季节结束以后，增加 28 天隔离期间的误工工资。

（二）品种结构与批量供货存在矛盾

夏黑葡萄下市后，由于气候因素，导致大棚巨峰葡萄普遍比原来露地葡萄推迟 1 周成熟上市，造成断货，部分客户的订单或被拒之门外，或延迟供货。因此，今后应在均衡上市方面开展技术创新，如老毕葡萄园青年农场主王君在日本进修以后在自己的葡萄园里试验无籽巨峰葡萄，成熟早、口味好，果实偏硬、耐储藏，明年可适当选择一些农户扩大应用，确保有一定的量来填补上市空档。

（三）合作联社运行机制不够健全

丁庄万亩葡萄专业合作联社缺乏骨干专业合作社的支撑，原来的几个专业合作社名义上是联社成员，实际上是个体企业，由于追求个人利益最大化，实际并不参与联社产销活动，一度还处于大户的垄断地位。即使后期葡萄批量上市，这些大户利用自身渠道收购周边农户的巨峰、阳光玫瑰，还可能给合作联社与各经销商的履约造成困难。丁庄万亩葡萄合作联社涉及 8 个村，在收购环节上完全由丁庄村"两委"组织，周边村"两委"干部不参与，不利于协调操作过程中的矛盾。今后，应利用现代农业产业党建联盟建设平台，探索"丁庄合作联社党委+各村葡萄产业党支部+农户"的形式开展工作。

（四）消费帮扶操作亟待规范

句容市总工会对今年疫情之下的丁庄葡萄销售十分重视，第一时间下发了文件，要求扎口在葡萄合作联社采购，各机关企事业单位工会也积极响应。但在具体操作过程中，出现了部分单位工会领导为亲朋好友打招呼、定价格，以及不论品质要求合作联社"包收"的情形，给合作联社统一调度增加了难度，制造了矛盾。丁庄等村由于不在全市 204 个扶贫村范围内，尽管同样受疫情影响，但因机关部门、国有企事业单位认为缺乏文件依据，不敢参与帮扶销售。因此，遭遇疫情等特殊灾害下的消费帮扶尚待进一步规范，要遵循公开、公正、公平的原则，兼顾市场规则，提倡优质优价，既要避免在采购环节的矛盾激化，也要维护工会成员的消费权益。

余晖

三、解决生鲜农产品卖难问题的思考

丁庄葡萄经过 20 多年的发展，已经形成了品牌影响力和独特品质竞争力，经受住了南京疫情的考验，其经验可供借鉴。

（一）坚持政府扶农

南京疫情发生后，市委、市政府主要领导审时度势，第一时间深入生鲜农产品生产基地，了解成熟农产品上市销售问题，给全市各级党政部门和企事业单位发出强烈信号，结合党史教育，"我为群众办实事"。各级各部门立即行动，落实消费帮扶政策，为农民送技术、送信息、送销售渠道；社会力量紧跟而上，牵外线，扩内需，通电商，搞直播，一场营销生鲜农产品的人民战争在全市迅速打响，并取得了阶段性胜利，为今后应对疫情、汛情等突发事件积累了成功经验。

（二）坚持科技兴农

丁庄葡萄始终把绿色生产、质量安全放在重要位置，以高品质赢得高消费市场。在亚夫团队指导和合作联社骨干科技户的示范下，普遍推广了葡萄园土壤改良、上市品种均衡布局、控产控粒、绿色防控、保绿秋延、冷藏贮存等六大技术，保持了在南京周边地区独一无二的丁庄葡萄品质，引发沪宁沿线市民对丁庄葡萄的青睐，激发了消费者对疫情防控下因新鲜果蔬匮乏而对丁庄葡萄更加渴望品尝欲的上升。

（三）坚持合作富农

要实现小农户与大市场对接、与现代农业接轨，必须提升农民的组织化程度。在疫情紧张的情况下，丁庄葡萄能够有序进入苏锡常镇沪和其他各大中城市，合作联社功不可没。这是一家一户的家庭农场，或者中小型的农民专业合作社根本无法做到的。只有在党组织的坚强领导下，通过强有力的农民合作组织，才有底气把 2 万亩生产规模、近 2000 户农户团结起来，为丁庄葡萄进入各类平台奠定了组织基础、信息基础、物资保障及市场保障。

（四）坚持产业强农

丁庄葡萄坚持走产业化经营道路，在疫情防控下，把损失降到了最

低。通过品质保障，有效提升了中国地理标志保护产品的品牌形象，进一步放大品牌效应；通过扩大低风险地区乡村游、休闲采摘，利用暑假有利时机，结合暑假社会实践、研学等扩大教师、学生消费群体；通过利用残次葡萄进行葡萄脆、葡萄酵素等产品加工延伸产业链，有效促进了葡萄产业化发展，提升了葡萄种植的效益。

（五）坚持职业聚农

在疫情防控下，营农指导员和新农人充分展现了他们的独特作用。丁庄葡萄合作联社先后输送40多名"葡二代"到日本进修，绝大多数"葡二代"回村充当了种植大户角色，种植面积均超过50亩。他们在生产经营上精益求精，是丁庄葡萄的科技示范户，是丁庄葡萄品质的典型代表。但由于他们经营规模太大，无暇全力履行营农指导员的职责。而种植面积在10~15亩的10个营农指导员，他们能较好地兼顾自身经营与科技指导角色，是合作联社的重要技术"情报站"和"二传手"，有效保障了丁庄葡萄整体品质的稳定提升。尤其在今年收购环节上，营农指导员按照各自负责的片区，负责好葡萄产品检验第一关，再由合作联社专人进行二次检验，为合作联社大大节约了成本，节省了时间，提高了工作效率，也使从事葡萄产业成了有奔头、有吸引力的职业。

（六）坚持市场引农

疫情的考验更加坚定了丁庄葡农走市场化的道路。在南京周边，丁庄葡萄是唯一拥有双国家地理标志的产品，疫情推动了消费者购买方式的改变：线上销售成为主渠道，品牌凸显竞争力；线下销售调整市场定位，主攻经济更加发达的东南方向，一举拓展了新的市场，同时保持与南京市场的紧密联系不断线；休闲采摘以市内为主，有条件扩展到市外低风险地区，保障了疫情防控、市场经营两不误。多元市场的开发，有效缓解了葡萄等生鲜农产品的卖难问题，也保障了农民收入的稳定增长，同时市场也引领了葡萄品质消费、引导了葡农更科学地品种布局。

（屈振国　王友成）

市委主要领导批示：

上次与祥宝同志交流，谈到疫情防控形势下生鲜农产品的市场销售问题。之后，扶贫"三会"又做了大量工作，并有了深层的思考。乡村

108

振兴是个时代命题，如何实现富民又是个必答题。请各地、各相关部门继续做好"三农"服务大文章。此件请丽虹同志阅。

2021.9.8

农村人力资源现状分析与对策建议

——对丹阳农村人力资源状况的调查剖析

乡村振兴，关键在人。2021年2月，中共中央办公厅、国务院办公厅印发了《关于加快推进乡村人才振兴的意见》，这对促进各类人才投身乡村建设、开发利用乡村人力资源具有重要指导意义。为认真贯彻落实文件精神，镇江市扶贫"三会"组织联合调研组以丹阳为样本，对农村人力资源状况进行了调查分析，并提出了乡村人才振兴的对策建议。

一、丹阳市农村人力资源现状

丹阳是农业大市（县级市），常住人口98万，其中农业人口47万，城镇化率为63.2%，比2020年提高1.2个百分点。农业人口中，0~14岁少儿、15~64岁劳动适龄人口和65岁以上老年人口占常住人口的比重分别为12%、71%和17%，人口年龄结构表现出"两头低、中间高"的总体特征，直接从事农业生产的劳动力6.1万人，占比13.5%。但随着人口老龄化趋势加深，劳动适龄人口占比还将逐年下降。

（一）有利条件

1. 人力资源总量丰富。丹阳市地处江南"鱼米之乡"，农业资源丰富、布局均衡。主导产业包括优质粮油、蔬菜、畜禽、水产、林业等，特色产业包括食用菌、茶叶、果品、休闲观光等，具有悠久的农业传统和农耕文化。一线从事农业生产的普通农民和专业性农技人员储备充足，农业龙头企业、农民合作社、家庭农场、种养殖大户等新型农业经营主体蓬勃发展。

2. 就近转移就业较多。丹阳市工业基础雄厚，私营企业数量在苏南县级市中居于前列，基本上"村村有企业、镇镇有园区"，产业门类分布广泛，主要包括钢铁、机械制造、五金工具、木业、汽摩配件业、纺织服装、眼镜等七大特色产业，为吸纳农村富余劳动力提供了大量工作岗位。由于农业的规模化、机械化和智能化发展，节约了大量劳动力资源，当地80%以上的农业人口通过就近转移就业得以摆脱土地束缚，农业人口半工半农的情况比较普遍。

3. 人口回流意愿增强。近年来，由于国家对农业农村发展的大力支持，以及城市房价居高不下和竞争压力加大，很多从农村出去的人口都产生了回归农村的想法，这些人中有一部分是社会骨干力量和各行各业的精英，回归农村将带动知识、资金、管理等各类资源向农村集聚，成为推动乡村发展的重要人才储备。例如，曲阿街道马陵村吴霖刚，在外奋斗20多年，积攒下近3亿元，回乡全部投入在荒山草坡开发上，创建了香海琴枫农民乐园，把一座"荒山"变成了"金山"。2019年，马陵村集体收入接近90万元，村民人均收入达到3万元左右。司徒镇屯甸村张晶晶，大学毕业后在上海银行工作，年薪30万，她弃高薪回乡创业，为老区致富出力，领办茶叶合作社，合作社成员已由最初的33名发展到1487名，茶园种植面积也由100余亩发展到3000多亩。毕业于四川农业大学的束扬鑫，2017年回到家乡曲阿张巷村办起了鑫之源家庭农场，种植设施蔬菜，效益良好，还计划再承包100多亩地走种养结合的道路。

（二）不利因素

1. 受教育程度普遍较低。目前，农村人力资源整体素质不高，成为制约农村经济发展的重要因素。丹阳市15岁以上人口平均受教育年限为9.83年，其中受初中、小学教育的比例达到63.6%，甚至有些年龄较大的没有接受过教育。究其原因，20世纪90年代之前农村地区经济条件较差，导致农村人口缺乏良好的教育背景。从人力资源角度讲，大部分农村地区的家庭从小给孩子灌输"走出去"思想，希望孩子通过高考、当兵甚至外出打工改变命运，不愿让孩子在家务农，这也是造成农村人口农业技能水平较低的重要原因之一。

2. 农村人才发展环境较差。农村出人才，但留不住人才。一方面，目前农村发展环境有限，发展村级集体经济"事业不够美好""职业生涯又太艰辛"，个人发展空间和机会比城市小很多，这是长期影响村级集体经济发展和个人家庭致富的重大因素。另一方面，农村基础设施不完善，医疗、教育等公共资源与城市仍存在较大差距，农村地区存在公共文化服务质量偏低的情况，文化设施不健全，群众文化开展缺乏制度支持，对人力资源有效开发形成天然制约。

二、开发农村人力资源面临的机遇与挑战

今年的中央一号文件明确指出，坚持把解决好"三农"问题作为全党工作重中之重，坚持农业农村优先发展，按照产业兴旺、生态宜居、乡风文明、治理有效、生活富裕的总要求，建立健全城乡融合发展体制机制和政策体系，统筹推进农村经济建设、政治建设、文化建设、社会建设、生态文明建设和党的建设，加快推进乡村治理体系和治理能力现代化，加快推进农业农村现代化，走中国特色社会主义乡村振兴道路，让农业成为有奔头的产业，让农民成为有吸引力的职业，让农村成为安居乐业的美丽家园。这为开发农村人力资源创造了前所未有的机遇。

1. 农村产业升级转型的需要。农村经济要快速发展，不仅需要得到政策、科技的支持，更需要人才资源的支持，需要懂"三农"、会经营、善管理的复合型人才队伍，为一二三产业融合发展提供坚实有力的人才支撑。随着云技术、大数据和农业的深度融合，更加需要在每个产业链条上强化高素质人才配置。开发农村人力资源，有利于农村人口素质全面提升，为实施乡村振兴战略提供支持。

2. 建设宜居宜业乡村的需要。提高农村人口整体素质，能够在一定程度上减少对农村生态环境的破坏。具体来说，开发农村人力资源，让新思想、新理念得到普及，让"生态宜居、乡风文明"的新农村状态厚植人心，有利于推进农业生态化、绿色化发展，有助于减少滥用化肥农药、滥采滥伐、污染物乱排放的现象，这对改善农村环境大有益处。

3. 促进农民富裕富足的需要。首先，农村人力资源开发可以有效促进产业开发、产品流通、服务升级和提升农产品附加值，进一步推动农村经济社会的快速发展。其次，农村人力资源开发可以为农村劳动力提供培训和再就业机会，提升农民自身能力素质，解决农村就业等关键问题，有力促进农民增收致富。

在看到发展机遇的同时，我们也必须面对时代变迁所带来的挑战。

一方面，农村空心化问题逐年加剧。新时期，我国社会的主要矛盾表现为人民日益增长的美好生活需要同发展不平衡不充分之间的矛盾。当前社会矛盾最主要的体现是城乡经济发展不平衡、不协调的问题越来越严重。随着城镇化率逐年增长，城市对优质资源的虹吸效应加大，大量的农村青壮年和知识分子不断地向城市迁移，农村出现人口老龄化和空心化现象，进一步加剧了发展困境。另一方面，农业副业化问题较为普遍。随着农户经营非农兼业化的不断加速、加深，农业特别是种植业收入在农户家庭收入中的比重相对下降，而工资性收入占比则呈现稳步上升态势，并且在农户收入构成项目中占比最高。从经济理性出发，存在农业生产副业化的倾向与趋势。通过土地流转等形式，很多农户只保留口粮田，抛荒撂荒现象也比较明显，给稀缺耕地资源合理有效利用和新技术推广应用等带来严重挑战。

三、开发利用农村人力资源的有效措施

推进乡村振兴战略，一个重要方面是实现农民真正富裕，拓宽农村人才建设路径。国家支持和鼓励农民就业创业，拓宽增收渠道；同时加强农村基层基础工作，健全自治、法治、德治相结合的乡村治理体系，培养造就一支懂农业、爱农村、爱农民的"三农"工作队伍。目前，丹阳市在推动农村人力资源开发管理方面进行了很多有益探索与尝试，取得了一定成绩和进展，但尚未完全激发农村内部活力，建议从以下几方面作进一步探索：

1. 完善农村人力资源发展规划。对人力资源进行深入调查研究，包括拥有资源、产业发展、文化环境、人才发展空间等，明确需要的人才类型和数量，科学制定人力资源发展规划。政府要建立信息共享服务平台，尤其是对种植、养殖领域的农民要在合理区域内转移，扩宽农民的就业渠道。相关部门专家要对人力资源开发效果展开评估，评估新型职业农民培育开展情况，从而指导产业开发和人才培养工作。

2. 加强农村人力资源教育管理。探索建立一套适合当地发展需要的新型职业农民培育机制，不断加强对农村文化、科技、卫生、实用技术等方面的宣传和培训。引导农民树立终身学习的理念，持续完善农村人力资源的管理和开发机制，鼓励农民向新型职业农民方向有效转变。利用机械化、智能化、信息化等先进技术发展现代农业，助推农村经济快速发展。

3. 加强对农村人才创新创业的支持力度。有效整合第一书记、大学生村干部、工商资本下乡、乡贤能人返乡创业等分散资源。打造回乡创业的保障体系，在资金、政策、用地、服务等方面引导农村各类产业的融合发展，培育壮大新产业、新模式、新业态，提升农产品附加值，帮助农民增收。培育更多像"江南生物"姜建新这样的乡村工匠，挖掘培养丹阳"乱针绣"等乡村手工业者、传统艺人，通过设立名师工作室、大师传习所等，传承发展传统技艺；鼓励传统技艺人才创办特色企业，带动发展乡村特色手工业。适时出台有利于"三农"发展的政策，强化乡村人才振兴投入保障，支持涉农企业加大乡村人力资本开发投入；推进农村金融产品和服务创新，支持乡村振兴；通过村企联建等方式引导工商资本投资乡村事业，带动人才回流，让龙头企业、示范基地、示范农场等起到带动示范作用，使回乡创业人群看到发展前景；引导并鼓励像"嘉贤米业"谢桐洲和种田专利持有人马锁宝等掌握一定专业技能的农民骨干在农民合作社、家庭农场和农业企业兼职指导或承包经营；引导大学毕业生到农村创业就业，为农村发展注入新鲜血液。同时，出台农村高层次人才招引政策，吸引学者、企业家等到农村发展经济。

4. 加强农村精神文化建设。将人力资源开发和农民精神文化生活结合起来，营造良好的乡风民俗。大力发展农民精神文化事业，对文体活动中心、公园、广场、剧场、棋牌社等农村文体活动场所设施的建设，对乡土文化人才、乡村治理人才等的培养，政府要加大资金投入，为推动当地精神文化事业发展提供支撑和保障。加大对社会主义核心价值观、移风易俗等理念的宣传力度，定期开展富有农村特色的文化宣传活动，比如农民丰收节、农业生产技能大赛、广场舞等文化活动，陶冶群众情操，丰富精神文化生活，实现农民文化素养的提升。

总之，在乡村振兴战略背景下，丹阳市要激发农村发展新动能，进一步推动"三农"发展，实现农业强、农村美、农民富，必须对农村人力资源进行有效开发和利用，要优化农村人力资源管理，加大农村基础教育投入，丰富农民精神文化生活，制定科学的农村人力资源发展规划，突出农村人才创新创业支持，为推动新农村建设提供强有力的人力

余晖

资源支撑。

（屈振国　陈鑫　仇祥梅）

市委主要领导批示：

扶贫"三会"的建议很好。请发改、农业农村、人社、文旅、科技、人才办、农科院等阅。

2021.11.25

镇江发展中草药产业大有可为

一、镇江具有丰富的野生中草药资源

镇江地形地貌多样，处于南北气候过渡地带，土壤、降水有利于植物生长，孕育了丰富的中草药资源。据 1984—1986 年的镇江中药资源普查记录，镇江境内共查到 858 种中药资源，其中纯草药类 700 多种。全国规定重点调查的 364 种中药材，镇江生产和分布的就有 197 种。仅宝华山的药用植物就有乔木 32 种、灌木 46 种、藤本 15 种、草本 238 种，涉及 108 科、251 属、340 余种，分别属于蕨类（8 科、9 属、10 种），裸子植物（4 科、4 属、4 种）和被子植物（89 科、238 属、326 种）。植物的药用部位全面：全株用药 127 种，根用药 121 种、叶用药 57 种、种用药 68 种、茎用药 45 种，其他部位用药 17 种。茅山更是中草药材的宝库，有 756 种之多，面广量大的有太子参、丹参、黄芪、明党参、夏枯草、桔梗、女儿红等。江苏大学药学院学生在暑期社会实践中前往茅山采摘草药，仅一天时间就采到了川乌、龙葵、瓜蒌、乌桕、百部、野百合、灵芝等 20 余种草药。在丰富的药材资源中，闻名全国的有灵芝、黄精、禹余粮、远志和华阳石脑、磁铁石等。李时珍《本草纲目》中收录的茅山药材就达 380 多种，其中尤以茅苍术和唐玄宗赐名的太保黄精为最佳。1915 年，茅苍术参加巴拿马博览会获得金奖。

二、镇江具有人工栽培中草药的历史

1958 年，镇江市药材公司为贯彻落实国务院《关于发展中药材生产问题的指示》和"就地生产、就地供应"的方针，在东门外（现桃花坞一带）开垦荒山种植中药材，征用土地 300 余亩，于当年 10 月建立

余晖

镇江药材培植场。其中，地藏山（现中国人民解放军陆军军事交通学院镇江校区至原京岘山小学地块）约100亩，主要种植杜仲、黄柏、山栀等木本类药材；鹰窝山（原镇江武警支队所在地）约100亩，主要种植白芍、牡丹、红花、黄菊花、南沙参、桔梗、射干、茅苍术等草本类药材；马场山（现镇江市中医院）约120亩，主要养殖马鹿、蝎子、蜜蜂和蛤蚧等动物类药材；石马湾约8亩，主要驯化野生药材、引种外地药材。当初首个野生转人工栽培获得成功的品种是太子参，太子参苗是从宝华山等地采挖来的，经过多年的努力，1964年太子参开始实现量产。1966年，药材场将太子参栽培技术推广到丹徒、丹阳、金坛、溧阳、高淳、溧水等地区。1976年，太子参种植面积达2193.8亩，收购商品13.29万公斤，满足了市场供应。期间还整理出20多种药材栽培技术，培育出如白术、红花、白芍、板蓝根、玄胡等种苗10余种，主要有40万株菊花苗和1000多公斤太子参苗，并将引种试种成功的品种向镇江地区37个药材场（队）推广种植。培育出的乌骨鸡送往镇江中药厂加工成乌鸡白凤丸，在全国有名，出口海外。1986年1月，药材培植场并入江苏省中药学校，结束了它的历史使命。当年栽种的杜仲已长成大树，默默生长在陆军军事交通学院的一角，鲜有人知道它是一味常用药材，它见证着镇江培植中草药材的历史。

三、镇江中草药种植的现状

中药材是最早实行市场化经营的商品之一，其产量、价格受市场供求关系影响很大，因而，中草药种植面积随市场行情波动较大。据统计资料显示，2012年全市中草药产值4970万元，2015—2018年都稳定在8000万元以上，最高的2018年达到8567万元，2020年下降到7522万元，种植面积在7000亩左右。句容是镇江市中草药重点产区，现有药材专业合作社12个，种植面积5000多亩，收购主体11个，年收购量约72吨。目前，中草药种植呈现专业化、订单化、基地化、规范化特征。

位于句容市茅山风景区的江苏茅山道地中药材科技有限公司已种植药材10多年，集研发、示范、技术推广和农业观光于一体，现有茅苍术、吴茱萸、鬼箭羽等中药材50多种，种植面积360余亩。该公司对濒危道地药材茅苍术，在研究与保护上攻克多项仿野生种植技术难点，对种苗实施繁育、驯化、仿野生种植并获得成功。公司拥有"一种茅苍术快速繁殖方法"等7项发明专利，目前已实现对濒危道地药材茅苍术的规模化种植，成为国家基本药物所需茅苍术种子种苗繁育基地。同处茅山风景区的上杆村怡康园家庭农场成立于2019年，种植中药材270亩，药材品种有薄荷、凌霄花、吴茱萸、贝母、黄精、藏红花、白术等，平均亩产值在5000~10000元，成为深圳津村药业的生药基地。该农场引入津村GACP管理理念，建立药材质量追溯体系。句容天王镇戴庄村康泰中药材专业合作社种植中药材30多年，实行种植、收购、烘干、初加工、销售产业化经营，主要经营品种有栀子、薄荷、太子参、凌霄花、柴胡、牡丹、金蝉花等几十个品种，订单农户300多户，带动当地和周边溧阳农户2000多户，种植面积近万亩，户年均增收万余元。他们与泰州济川药业、南通三越中药饮片、亳州加隆药业等公司合作，年销售额上千万元，部分产品出口日本，成为南京中医药大学的教学实践基地。江苏茅宝葛业有限公司成立于2007年，是江苏省农业科技型企业、农业龙头企业，种植葛根、桑葚250亩，申请国家专利20余项，其中已获授权4项，实行一二三产业融合，形成了以野生葛根采集、收购、加工，以及集文化、科技、休闲观光、养生、茶艺、采摘、会议及葛根特色餐饮于一体的特色园区，被列为江苏省四星级乡村旅游景点和工业旅游示范点，每年接待游客约10万人次。江苏茅宝葛业有限公司还与中国药科大学合作创建成为国家中药材加工研发中心，在2017年第十八届中国绿色食品博览会上，"茅宝牌葛根茶"荣获旅博会金奖。在2018年中国特色旅游商品大赛上，"肘后方肘后备急方系列葛根茶"及"葛珍堂葛根饼干"荣获入围奖。"茅宝牌葛根茶"先后被评为"江苏省名牌产品""江苏省著名商标"，并通过有机产品认证。丹徒区谷阳镇镇江陶氏健康源生物科技有限公司成立于2016年，专业从事中草药种植与深加工、进出口贸易、生物技术研发，现有20亩铁皮石斛种植基地。该公司生产加工的铁皮石斛系列产品包括新鲜茎条、石斛花茶、石斛粉、铁皮枫斗等。2018年，该公司与江苏大学合作建立铁皮石斛产学研项目，重点研究"富硒"铁皮石斛的种植技术，已经获得国家专利授权，并成功打开美国洛杉矶市场，产品由内销转为出口，2020年公司铁皮石斛销售收入达到120万元。此外，丹阳延陵镇种植延胡索、蒋墅饲养地鳖虫、扬中油坊种植加工金银花、丹徒荣炳种植并加工葛根、镇江新区大路等地种植杭白菊等，都取得了较好的经济效益。

但是，镇江市的中草药生产总体上处于小、散、乱的自发种植状态，产业链短，附加值低，尚处于种植卖原料或初加工阶段，缺乏精深加工，缺乏龙头企业带动，缺乏主管部门，缺乏统一管理，缺乏总体规划，缺乏资金扶持，缺乏政策支持，缺乏专业人才，缺乏科技支撑，缺乏品牌产品，药农在成本投入、资金周转、生产技术和市场经营等方面存在较多风险。同时，由于开垦荒地、征地拆迁、森林抚育及药材自身生物学特性等因素，中草药的原生环境发生改变或遭到破坏，部分中草药野生品种濒临灭绝。

四、镇江发展中草药产业大有可为

中医中药是我国的传统国粹，发展中草药产业是传承和弘扬中医药文化的需要，是大健康产业发展的要求，符合城乡居民养生保健的需求，是乡村振兴的重要产业之一，其综合效益远高于传统农业。发展镇江中草药产业，潜力巨大，前景广阔。

1. 高度重视中草药产业发展。小康社会的全面建成，人民对美好生活的向往，全民健康意识的增强，使得人们对养生保健的需求日益增加。新冠疫情的有效防控，充分展示了中草药的独特疗效，更引燃了国人对中草药的热情。中医药正逐步被欧美发达国家所接受，有利于出口创汇。产业强市、乡村振兴，更需要新兴产业支撑，发展中草药产业能兼顾农民增收、财税增长和经济发展。江苏省第十四次党代会报告更明确提出要"加快建设中医药强省"，因此发展镇江中草药产业正当其时。镇江市气候条件适宜，土壤类型多样，森林资源丰富，野生药种充裕，适合多种中草药种植。政府要高度重视中草药产业的发展，加强组织领导，成立协调小组，切实解决好农、工、商、卫、文、旅交叉产业无人问津的实际问题。要明确相关部门职责，统一思想认识，形成发展中草药产业的强大合力。要深入调查研究，准确分析市场需求，明确发展目标，建立中草药产业信息和技术指导综合服务平台，提供中草药市场行情和产前、产中、产后技术指导。要搭建产品供销网络，与本地苏南药业、吉贝尔药业、七〇七天然制药等药企对接，为中草药生产基地提供种子种苗、创新研发、成果转化、技术培训、加工销售、仓储物流等系列化服务；与安徽亳州等地大型中药材交易市场和泰州医药城等地的大中型中药制药企业有效对接，实行订单药材、基地化生产。

2. 科学制定中草药产业发展总体规划。从全国各地来看，发展中草药生产完全可以成为当地的主导产业。云南省文山州以中草药材为主导产业，中药种植面积达160万亩，年产值220亿元，列统品种就有50多个，形成了完整的产业链。安徽亳州围绕"加快世界中医药之都建设，打造全球中医药集散地"定位，大力发展中医药产业。亳州市有中药材种植专业村800多个，种植面积110万亩，年加工中药饮片16万吨，占全国1/3，仅中药材市场年交易额就达100多亿元，出口额近3000万美元。福建省柘荣县以太子参为主导产业，形成生物医药循环经济，被称为"中国太子参之乡"。生物制药、中医制药、保健食品正成为日韩等国乃至全球大力发展的产业。镇江市的大健康产业也有良好的基础，要按照《国家中药材保护和发展规划》《江苏省中医药条例》《关于促进中医药传承创新发展的实施意见》等有关政策，结合镇江市中草药种植基础和优势，充分利用镇江市低山丘陵，以及平原圩区不同的土壤、水资源的优势，合理布局种植品种和加工基地，制定《镇江市中草药产业发展规划》，利用药食同源、药花同株、药果一体等特征，把发展中草药产业与休闲观光农业、科研科普基地、养生养老产业、优秀文化传承、美丽乡村建设和农业供给侧结构改革有机结合，保护野生资源与驯化种植相结合，建立基地与精深加工、培育市场并行发展，推动农文旅相融、一二三产业融合，与兄弟市产业错位发展，打造百亿产业，塑造特色亮点。

3. 精准选用中草药适栽品种。要在调查研究的基础上，根据市场需求和历史种植经验，选用适合镇江市的主栽品种。据不完全调查，镇江市的主要栽培品种有生地、泽泻、黄芪、白术、白芍、白芷、板蓝根、大青叶、茯苓、红花、山枝、大力子、穿心莲等，野生和栽培兼有的品种有明党参、太子参、紫丹参、桔梗、银花等，主要野生品种有南沙参、茅苍术、龙胆草、射干、益母草、茵陈、徐长卿等。中药材讲究原生境、道地性，这是确保中药有效成分和药材质量的有效途径。茅苍术、明党参、葛根、黄精、金蝉花是镇江市的道地药材，完全有条件打造成原产地地理标志产品。栀子、薄荷、太子参、凌霄花、牡丹、杭白菊等是镇江市目前种植面积相对较大的品种，可以根据市场需求扩大种植规模，将其打造成品牌产品。藏红花、铁皮石斛、紫苏、灵芝分别在镇江市的句容康泰中药材专业合作社、丹徒区陶氏健康源生物科技公司、天成农业科技公司和镇江高新区南山农艺公司已试种成功并小批量生产，这些中药材保健功能强，经济价值高，完全可以打造成镇江市的特色产品。

4. 大力培育中草药产业市场经营主体。一是培育中草药种植家庭农场和专业合作社。积极发展中草药种植专业大户和科技示范户，提高药农组织化程度，发展连片种植，建立规模基地，提升市场竞争能力。二是建立中草药现代产业园区。用足"葛洪"名气，叫响"茅山"品牌，以茅山风景区管委会为主体，在现有中草药种植相对集中的茅山风景区组建"江苏茅山葛洪现代中草药产业园"，将方山、马埠、上杆、戴庄和茅宝葛园等通过园区有效组织起来，明确各片区主栽品种，研发新品种，提升种植水平，培育地方品牌，形成规模化中药材基地。三是培植中草药龙头企业。鼓励现有药材种植大户、合作社发展初加工，进而建立中药饮片企业；支持吉贝尔药业、七〇七天然制药、苏南药业、中兴药业、华晟制药、云阳药业、石山头制药、天宁香精、华桑食品等采用植物原料的中成药、食品、调味品、化妆品、农药企业等做大做强，带动建立中草药种植基地；引导现有生物制药企业采购本地药材，实行订单化生产。在建设规模药材基地特别是道地药材基地的基础上，引进安徽亳州等地的大型药材市场在本地建立分市场，招商引资大型中成药、生物制药企业发展中药精深加工，努力提升中草药产品附加值和知名度。通过"龙头企业+合作社+基地+农户"的发展模式，在企业、合作社（家庭农场）和农户之间逐步建立起股份合作、订单生产、技术协作、土地托管等联结机制，逐步建成"基地+加工+市场+服务"的全产业链生产格局。

5. 强化中草药科技和人才支撑。发展中草药，人才是根本，科技是支撑。要充分用好江苏大学、江苏科技大学在生物技术、药学方面的人才和技术优势，借用好中国药科大学、南京中医药大学紧邻镇江市的科技力量，与药材种植基地对接，建立教学实训基地。要开展野生药材资源驯化利用，优化栽培技术，开发绿色种植技术和研发新品种。要与中药制药企业合作，转化科技成果，创制中成药新品种，引入生物技术提取中药有效成分，更好地服务于人类健康事业。要大力引进中医药人才，充实科研、生产一线技术力量，充分调动现有人才的积极性，按照习近平总书记"传承精华、守正创新"的总体要求，深入发掘镇江市中医药宝库中的精华，推进产学研用一体化，推进中医药产业化、现代化，推动镇江市中草药成为优势主导产业乃至支柱产业。

6. 制定支持中草药产业发展的政策。要加大财政支持力度，安排专项经费开展野生药物资源调查研究，遴选、繁育、引进优良品种，保障科研和技术推广。扶持建立中草药种子种苗基地，开展野生品种的驯化利用、种苗繁育试验示范与生产，支持科研和有实力的生产单位开展中草药品种选育、提纯复壮工作。像鼓励茶叶更新、发展设施农业一样，通过验收给予种苗补贴和高标准药圃基础设施建设补贴；鼓励扶持仿野生栽培，扶持标准化示范基地建设，对申请国家药品监督管理局 GAP 检查的企业、基地和申请有机认证的基地给予申请过程指导和经费补助。支持品牌建设，对获得原产地地理标志产品、省级以上知名、著名、驰名商标的给予奖励。扶持建立中草药材质量溯源体系建设，支持中草药初加工，对规模生产单位购置加工设备给予一定的财政补助或将其列入农机补贴范围，引导企业加大投入，保证产品质量。支持对野生药材资源的保护，在野生资源相对集中的地区建立保护区。

（屈振国）

市委主要领导批示：

扶贫"三会"的调研报告很好。镇江的中草药产业发展有基础、有条件，需大力发展。

请发改、中医药局、工信、农业、农科院等阅研。

2022. 2. 9

余晖

充分利用长江水资源
打造镇江特色"江鲜"产业

　　长江是世界上水生生物最为丰富的河流之一，滔滔江水哺育着水生生物4300多种，其中鱼类400余种，特有鱼类180余种，刀鱼、鲥鱼、鮰鱼、河豚和江蟹更是人们钟爱的江鲜美食。但由于忽视对长江生态系统的保护，加上长期大量捕捞，致使长江内一些特有鱼类资源日趋减少，直接影响长江渔业资源的可持续利用。镇江江段刀鱼已从过去最高年产4142吨下降到年产不足100吨，鮰鱼、江蟹产量也严重下降，河豚、鲥鱼更是基本绝迹。为此，中央提出"共抓大保护，不搞大开发"和"十年禁渔"的要求，让长江水生生物有足够的时间和空间休养生息，也为长江江豚等濒危物种的保护带来了希望。

　　镇江地处长江下游，长江流经境内长103.7千米，为镇江人提供了丰富多样的江鲜产品，十年禁渔让江鲜变得十分金贵。为确保新形势下江鲜产业的可持续发展，养殖户采用引长江水发展生态养殖的方法，培育出了具有江鲜口味的特色水产品，满足了城乡广大消费者日益增长的市场需求。

一、较好的发展基础

　　1. 区域资源得天独厚。镇江所辖8市（区）皆沿江，长江岸线293.8千米，京杭大运河在谏壁镇与长江交汇，境内全长42.6千米。虽然禁捕措施限制了长江野生特色鱼类产品的开发，但拥有长江水资源的独特地理区域优势，为镇江市引用长江水发展特种水产生态养殖提供了自然资源基础保障。

　　2. 人工养殖初具规模。镇江市采用池塘生态养殖、池塘工程化养殖、工厂化养殖、稻田综合种养等多种养殖模式发展水产产业。2021年，镇江全市水产养殖面积19.01万亩，其中青虾、河蟹、小龙虾等名特优水产品养殖面积15.25万亩，占养殖总面积的80.22%，稻田综合种养面积累计约0.9万亩，工厂化养殖面积超30万平方米。其中，扬中市河豚、刀鱼工厂化养殖面积达16万平方米，刀鱼规模养殖年产50万尾以上，建成池塘工程化水槽养殖3000平方米，还引进了鲥鱼、鲈鱼、沙塘鳢、黄颡鱼、斑点叉尾鮰、澳洲龙虾等新品种，在江苏省内率先攻克了河豚和刀鱼的育苗、养殖等重大课题，人工养殖技术日趋成熟。全市水产品总产量96793吨，其中养殖产量93002吨，占96.08%；渔业总产值64.99亿元，其中一产产值40.43亿元，占62.21%。

3. 一二三产业融合发展。充分发挥沿江资源优势，加大休闲渔业产业投入，借河豚节、捕鱼节、钓鱼比赛等丰富多彩的休闲渔事活动，带动休闲渔业产业发展。2021年，镇江全市休闲渔业基地475个、占地5.53万亩，年接待160万人次，营业收入13.09亿元。扬中市已成为国内最大的河豚消费市场，每年到扬中品尝河豚美食的游客达百万人次，河豚餐饮消费达10亿元。同时，以江苏豚岛食品公司为龙头的食品企业和相关的餐饮酒店，向国内其他地区年销售河豚加工食品达1亿多元。

4. 品牌建设卓有成效。依托"镇江江蟹""扬中河豚"等地理标志，大力实施渔业品牌发展战略，加强渔业区域品牌创建培育、推介营销和社会宣传，使地域性品牌知名度不断提升，持续发展。同时，加大财政资金扶持，加强品牌保护与推广。举办镇江江蟹评比大赛、组织企业参加"王宝和"杯全国河蟹大赛及农产品推介会等，进一步提升"镇江江蟹"品牌知名度。扬中市连续举办了十八届"中国扬中河豚文化节"，河豚餐饮文化的发展达到前所未有的广度和深度，品牌影响力显著扩大，实现了生态养殖和质量效益的同步提升。

5. 资源保护持续增强。农业农村、自然资源与规划等部门认真贯彻落实中央和江苏省关于野生动物保护各项政策，加强渔业资源保护宣传，以长江大保护为核心，积极开展长江流域水生生物养护工作，放流鲢、鳙、暗纹东方鲀、中华绒螯蟹等苗种，从2002年至今累计投入2900余万元、放流1.85亿尾。强化水生生物保护区建设，加强对长江

余晖

扬中段暗纹东方鲀、刀鲚国家级水产种质资源保护区和江苏镇江长江江豚类省级自然保护区管理。

二、成功的养殖实践

1. 建设渔业园区，推动技术创新。在扬中设立 1 万余亩的渔业园区，主要保护长江名贵鱼类种质资源，研发推广现代渔业技术，利用长江水仿生态人工养殖长江特色鱼类。园区拥有珍稀鱼种保护与利用基地、"一带一路"国际水产养殖试验基地、江苏省水产种业创新基地、江苏省渔业技术推广示范基地、长江刀鲚养殖基地、江之源河豚工厂化养殖基地和通威环太"渔光一体"等 7 个投资亿元以上的项目，集聚了中国水产科学研究院、江苏省渔业技术推广中心、江苏省淡水水产研究所。该渔业园区可谓是江苏的"渔业硅谷"，2020 年 10 月份被认定为江苏省级现代农业产业示范园。

2. 实施品牌战略，推动产业转型。实施"渔业+品牌"战略，以品质为核心，扎实做好创牌立信工作。目前镇江市已拥有"镇江江蟹"农产品地理标志 1 个，扬中刀鱼、扬中河豚、扬中江蟹、扬中江虾等 4 个国家地理标志证明商标。自 2014 年 12 月获得"镇江江蟹"认定以来，已经连续 6 年举办了评比展示展销活动，并多次在全国河蟹大赛中取得最佳口味奖、金蟹奖等荣誉。推进"渔业+旅游"战略，顺应全域旅游的发展趋势，发挥渔业特色优势，提升文化内涵。扬中通过河豚文化节、河豚展示馆、循环水生态养殖展示平台等载体，联动雷公岛"零碳岛"、长江渔文化风情小镇等旅游休闲基地建设，初步形成了一批生态休闲旅游景点，休闲渔业企业达 112 家。

3. 利用水库资源，推动绿色养殖。镇江的水库资源丰富，在册的就有 100 座，由于水库水域环境良好，在合理规划和适度开发的前提下，水库渔业发展具有广阔空间，其中以句容最具代表性。句容共有各类水库 67 座，每年的捕捞产量超过 320 万公斤。目前水库渔业最大的优势体现在两方面，一是产品品质好，水库利用天然的生物饵料，通过人放天养的方式生产的水产品基本可以达到绿色有机标准，比如北山水库、句容水库的鳙鱼，肉质鲜美是纯天然绿色食品，深受消费者欢迎，常年供不应求；二是休闲观光市场开发潜力大，多数水库远离城镇闹市区，山清水秀、环境幽雅，是人们旅游度假的好去处，在这里不仅能吃到鲜活的水产品，还可通过观赏、垂钓等方式达到陶冶情操、增加生活乐趣的目的。

4. 培树成功典型，推动规模经营。扬中江之源渔业科技有限公司，占地 2000 多亩，总投资 3.5 亿元，是一家集特种水产养殖、蔬菜种植、畜禽养殖、休闲娱乐为一体的农业龙头企业。现有长江刀鱼、暗纹东方鲀、美洲鲥鱼等 20 余种名贵鱼养殖品种，是江苏省最大的河豚、刀鲚养殖基地，年产 100 万尾长江生态河豚、50 万尾长江生态刀鲚，目前已经通过全国首批国家刀鲚养殖单位现场核查。丹徒区江心源生态农业有限公司利用江水养殖商品蟹 1000 亩，在南通如东县建有蟹苗基地 250 亩，年产值 1200 万元，是江苏省内最大的江蟹养殖基地，依托中科院水产所、江苏省淡水水产所，通过长江活水、生态蟹苗、喂食天然饵料、绝不用药等四大举措精心养殖出个大、腮白、黄满、膏肥、肉质紧实、味道鲜甜的螃蟹。2019—2022 年，江心源成功列入江苏省现代农业（河蟹）产业技术体系，作为镇江示范推广基地开展体系成果示范推广工作。2021 年，江心源蟹苗以"中华绒螯蟹优质适饵新品种选育"成功入选江苏省种业振兴"揭榜挂帅"项目。2019—2020 年，江心源蟹连续两年荣获全国河蟹大赛"王宝和杯"金蟹奖、"最佳口味奖"等荣誉。江心源正在构建"蟹苗+扣蟹+商品蟹+高端水产品加工"产品链、"线上电商+线下专卖+农户"销售链的完整产业链体系。

5. 强化执法监管，推动质量安全。高度重视渔业生产安全，开展质量安全执法，加强质量安全监管。重点监督管理养殖过程中的禁用渔药、饲料添加剂，有序开展水产品药物残留快速检测工作，认真做好水产样品的抽检工作，严厉打击各类违法违规行为，提高水产品质量安全公信力。镇江全市建成升级水产品质量安全可追溯生产企业 21 家，水产品质量检测合格率 98% 以上，阳性查处率 100%，保持了渔业安全稳定。

三、面临的挑战

从 2021 年 1 月 1 日零时起，长江重点水域十年禁渔全面启动，在此期间禁止天然渔业资源的生产性捕捞，这是一项"为全局计，为子孙谋"的重要决策。在新形势下，充分引用长江水源，大力发展仿野生"江鲜"养殖，显得尤为重要而迫切，但特种水产养殖也面临着新挑战，一些问题亟待解决。

1. 养殖空间受到制约。一方面，由于耕地"非粮化"相关政策限制，新开挖养殖池塘难度很大；另一方面，由于中央、江苏省生态环保督查中发现的问题，一批沿江水产养殖正逐步退出。

2. 基础设施比较薄弱，面积受限措施补。实施池塘循环水养殖工程，需要进行池塘生态化改造，工厂化养殖也需要增加资金投入。

3. 组织化程度相对较低。由于镇江市大部分属于丘陵地区，大量池塘小而散，占全市池塘养殖面积的50%左右，大多数养殖户都是"单打独斗"，产业集约化、标准化水平还比较低。

4. 产业化经营水平不高。渔业总产值中，一二三产业的占比分别为62.22%、3.66%、34.12%，第二产业存在明显短板，第三产业也有很大提升空间，渔业产业化经营任重道远。

5. 渔业人才严重不足。县（市、区）、镇（街、园区）水产专业技术人员缺乏，不能适应发展现代渔业生产的需要，特别是镇、街道一级基本没有专业的水产专业技术推广人员，严重制约了水产养殖新模式、新技术的示范推广。

四、引用长江活水发展"江鲜"养殖的对策建议

坚持新发展理念，以实施乡村振兴战略为引领，落实高质量发展要求，以满足市民对优质水产品和优美水域生态环境需求为目标，切实转变渔业发展方式，实施良种化、设施化、生态化、信息化工程，加快构建渔业高质量发展空间格局、产业结构和生产方式，全面提升镇江特色水产产业现代化水平。

1. 优化渔业生产空间布局。根据长江"共抓大保护，不搞大开发"和"十年禁渔"要求，进一步修订养殖水域滩涂规划工作，科学合理划定养殖区、限养区和禁养区，完善重要养殖水域滩涂保护制度，全面优化全市养殖结构、养殖布局、养殖模式、养殖品种及养殖规模，加快淘汰落后的生产方式，明确重点发展方向，提升渔业发展质量。借助地理优势，沿江两岸乡镇以扬中省级现代渔业产业园为核心，东至丹徒江心、高桥，南至镇江新区，着力打造长江特色渔业产业带；沿大运河及通江水系乡镇以丹徒宝堰、荣炳和丹阳司徒、延陵、珥陵为基础，打造特色虾蟹养殖片；围绕丘陵的句容二圣、北山、仑山等水库生态渔业区，打造有机渔业产业区。立足区域产业特色，形成镇江渔业的"一带一片一区"。

2. 强化渔业基础设施建设。完善财政惠农支渔政策，对池塘生态化改造工程、工厂化养殖设施、渔业产业转型升级等提高奖补标准，加大资金扶持力度，调动社会各方积极性，吸引工商资本、民间资本投入水产养殖基地、水产品加工、休闲渔业等经营性设施建设。因地制宜生态化改造养殖池塘，完善各项基础设施建设，为推动"智慧渔业"夯实基础。促进5G、物联网、大数据分析等信息技术与渔业生产融合发展，实施水产绿色健康养殖"五大行动"，促进特种水产业可持续发展。

3. 加强"产学研用"合作攻关。进一步加强与高等院校、科研院所的联系合作，重视科研团队的引进，重点解决镇江市长江特色渔业发展中的难点和热点问题，不断提高镇江市现代渔业科技创新能力和渔业生态化、标准化、信息化水平。巩固河豚、刀鱼、鲥鱼、鮰鱼、河蟹等名贵水产品的养殖，引进一批名特优新品种，优化养殖结构。推广青虾池套养刀鱼、河蟹池套养梭鲈、稻田综合种养、池塘微孔增氧、渔业物联网等先进技术，不断创新生态健康养殖技术模式。

4. 有效保护渔业资源。大力推进长江流域重点水域禁捕退捕工作，加强对渔业水域、滩涂环境的保护。通过增殖放流等生态修复工程，涵养渔业资源，促进水生生态环境、渔业种群的恢复，再结合净水渔业生产、城市水系及农村坑塘沟渠整治，美化水系环境。

5. 切实保障水产品质量安全。开展水产品质量安全专项整治行动，建立问题隐患清单制度，严厉打击违法使用投入品的行为。强化水产品质量监测，加强对水质环境、苗种、饲料、渔药、动保产品和水产品质量的动态检测。建立健全企业信用档案，强化生产经营主体诚信自律，借助水产品可追溯体系实现溯源信息从产地、运输环节到批发、农贸市场的有效传递。

6. 大力推进产业融合发展。加大水产品加工业和服务业的发展力度，从初级产品向加工产品深化，从单一的生产性产出向多功能性产出

余晖

转变，推动养殖、加工、流通、休闲服务等产业相互融合、协调发展。进一步做好"镇江江蟹"蟹文化的传播，以及扬中河豚、丹阳青虾的推广，加深"产业+文化节"的有机融合，同时加快推进渔业"互联网+"的建设，打造水产品电商销售新模式。

7. 积极创建区域公共品牌。品牌就是质量，品牌更是效益，公共品牌也是凝聚力和竞争力。根据镇江市特种渔业资源和市场发展潜力，积极组织申报国家农产品地理标志，通过组建渔业合作社、家庭渔场，统一养殖模式，统一技术标准，统一品牌销售，拓宽营销渠道，把分散的渔业养殖户有效组织起来，提高镇江市特色渔业品牌知名度和市场竞争力，实现提质增效、共同富裕。

8. 高度重视人才队伍建设。根据渔业发展需要，大力引进渔业人才，健全渔业技术研发推广网络。加强技术培训，分批选派技术骨干到高校、科研院所进修深造，选派渔业养殖户到渔业园区、渔业基地和渔业龙头企业学习实践，提升他们的业务素质和技术水平。做好乡土人才特别是基层一线技术人才培养，他们是渔业产业发展的基础，决定着产业发展的成败，应当制定相关鼓励政策，培养和促进乡土人才的成长壮大，为发展高质量现代渔业提供技术保障。

（屈振国　郭九林）

市委分管领导批示：

报告非常好。特色渔业、品牌渔业、精品渔业、生态渔业既是镇江的传统优势，也是发展的方向，必须坚定不移抓好。请农业农村局阅研，结合我市正在推动的农业产业发展、专精特新、农业产业链群规划、农业龙头企业培育等工作，搞好渔业产业的振兴发展。水产品是"大粮食"的组成部分，也是农业经济的高价值部分，能很好地与一二三产业融合，提升城市影响力。节后可以安排渔业调研，也请报告执笔人参加。择时，召开渔业产业发展座谈会。渔业发展要善思善谋、谋定而后动。

请蒋勇同志阅。

2022.4.29

镇江有条件打造中药材特色优势主导产业

一、发展中药材产业正当其时

中医药是中华民族的瑰宝。党的十八大以来，习近平总书记就中医药发展作出了一系列重要指示，强调："要做好中医药守正创新、传承发展工作，建立符合中医药特点的服务体系、服务模式、管理模式、人才培养模式，使传统中医药发扬光大。"党中央、国务院高度重视中医药事业的发展，先后印发了《中医药发展战略规划纲要（2016—2030年）》《中医药法》《关于促进中医药传承创新发展的意见》，中医药事业迎来难得的发展机遇。随着经济社会的发展和生活水平的提高，人民群众更加重视生命安全和生活质量，为有效应对多种健康挑战、更好满足人民群众健康需求，迫切需要加快推进中医药事业发展。在治疗新冠肺炎的过程中，中西医结合、中西药并用成为我国成功抗疫的亮点，中医药充分彰显了中华民族原创科学和传统文化的价值和优势。中医药正被越来越多的国家接受，已传播到196个国家和地区，中药类商品进出口贸易总额大幅增长。中共镇江市委、市政府为推进"健康镇江"建设和中医药事业强市战略，2022年年初也出台了《关于促进中医药传承创新发展的实施意见》，中医药事业迎来了传承精华、守正创新、高质量发展的春天。

二、中药材种植养殖具有较好基础

镇江的地形地貌及气候特点，孕育了丰富的野生中草药资源，李时珍《本草纲目》收录的茅山药材就达380多种，同时人工驯化栽培历史

余晖

悠久，自古以来镇江就是江苏省道地药材的主产地。由于中药材是最早实行市场化经营的商品，故其产量、价格受市场供求影响很大。但因中药材的种植养殖收益总体上好于大田作物，所以镇江种植养殖面积在8000亩左右（见表1）。据不完全调查，全市8个市（区）中有7个种植中药材，分布于19个镇26个村的27家生产单位，其中有17家农民合作社、4个家庭农场、6家农业企业，种植有35个植物品种，养殖着2个动物（昆虫）品种和1个微生物品种，已经形成效益的面积为6607亩，亩均收益12747元。从种植养殖品种看，百亩以上的植物品种有18个，养殖品种有2个，其中，300亩以上的就有10个品种，亩均收益在万元以上的有7个品种（见表2），300亩以上规模种植养殖品种占总面积的62.8%（见表3）。此外，丹徒荣炳、句容茅宝和茅山人家等每年收购野生葛根300吨左右，原料价值近1000万元，系列产品价值在3000万~5000万元；属于药食兼用的果桑面积在5000亩左右，亩产值5000~10000元；银杏面积5120亩，挂果150亩，产量57吨，实现产值40.78万元；句容岩藤农场、得撒石磨豆腐村、伏热花海等地还种植有牡丹，制作花茶和精油等产品；丹徒上党种植有紫苏，高资养殖有凤头白鸭等；全市甲鱼（龟）养殖1500亩左右，产量约470吨，产值2800余万元。综上测算，全市中药材包括药食两用动植物种植养殖面积近2万亩，总产值在1.5亿元左右。中药材种植养殖总体呈现专业化、基地化、规范化特征。

表1 镇江市中药材种植养殖情况调查统计表

市/区	面积（亩）	产量（吨）		产值（万元）	销量（吨）		
		鲜货	干货		自产自销	药企收购	药材经纪
丹阳	2557	189.34	1271.5	5887.4	125.84	1046	101.5
句容	4229	2209	358.2	1442	428	591	400
扬中	305	842.5	7.95	566	800.2		7.75
丹徒	530	240.4	30.552	377.5	3.552	42	9
京口	90	94	12.5	108.75	5	15	2.5
新区	50						

市/区	面积（亩）	产量（吨）		产值（万元）	销量（吨）		
		鲜货	干货		自产自销	药企收购	药材经纪
高新	265	2.5	9.25	40.3		11.75	
合计	8026	3577.74	1689.952	8421.95	1362.592	1705.75	520.75

表2　规模种植养殖亩均效益万元以上的药材品种

药材品种	面积（亩）	产值（万元）	亩均效益（元）	主产地
黄精	250	281.25	11250	丹徒宝堰南宫村、京口工业园区左湖村
铁皮石斛	100	110	11000	丹徒世业先锋村、谷阳湖马村
茅苍术	100	150	15000	句容茅山风景区方山茶场
凌霄花	100	120	12000	句容天王镇袁巷村
杜仲	135	325	24074	丹阳胡桥林场
地鳖虫	74	4350	587838	丹阳皇塘镇鹤溪村、滕村
水蛭	130	460	35385	扬中八桥镇长胜村
合计	889	5796.25	65199.66	镇江市辖三市两区九镇十村

表3　镇江市300亩以上中药材品种种植养殖情况表

药材品种	面积（亩）	产量（吨）		产值（万元）	销量（吨）			主产地
		鲜货	干货		自产自销	药企收购	药材经纪	
石见穿	730	15	150	410		165		丹阳延陵镇柳茹村、丹徒高资镇巫岗村
苏白菊	440	147	43	270	66	40	4	丹阳延陵镇柳茹村、杏虎村；句容天王镇金山村、袁巷村；镇江新区大路东岳村
白花蛇舌草	740		250	207		250		丹阳延陵镇柳茹村
半枝莲	620		380	446		380		丹阳延陵镇柳茹村

药材品种	面积（亩）	产量（吨）		产值（万元）	销量（吨）			主产地
		鲜货	干货		自产自销	药企收购	药材经纪	
芍药	320	250	4	6		254		句容后白镇槐道村；天王镇袁巷村
苕药	500	400		160			400	句容华阳街道钱家边唐家自然村
吴茱萸	300	80	15	60	5	10		句容茅管方山茶场；天王镇袁巷村
栀子	650	430	153	156	3	150		句容茅管方山茶场；天王镇袁巷村
薄荷	400	550	100	200		100		句容天王镇袁巷村
掌叶格盆子	340		10.2	200	200			句容茅山镇前陵村
合计	5040	1872	1105.2	2115	274	1349	404	两市一区八镇十村

三、中药及生物制药产业初具规模

镇江市主要中药制剂和中药饮片生产企业有 8 家（见表 4），包括中药制剂企业 6 家、中药饮片企业 2 家。其中，1 家中药饮片生产企业因关键岗位人员变动、市场销售滑坡等因素，已于 2022 年 3 月递交了停产报告；1 家制剂企业因厂房搬迁，中药制剂品种尚在转移研究中，未组织生产。2021 年，全市中药制剂、饮片生产企业销售额约 14 亿元，正常生产制剂品种 49 个，中药饮片 580 种，中药制药产业已经具备良好的发展基础。与此同时，一批利用动植物、微生物为原料深度开发的生物制药企业也在迅速成长。比如，江苏耐雀生物工程技术有限公司就是一家致力于天然产物开发和利用的新型生物科技企业，主要从事天然产物活性成分的研究、生产销售及相关技术服务，已经成功开发上市苦参素等 7 个新药产品，取得省级以上高新技术产品证书并通过技术鉴定的新药产品达 10 余个。已经开发出各种天然产物活性成分数十个，申请新药发明专利 30 余项。具有年产 200 吨的天然产物原料药的生产能力，已经成功生产出天然甜味剂系列、美白系列、天然精油系列产品并取得了良好的经济效益。镇江天和生物技术有限公司成功开发了以牧乐维他为代表的 50 余个饲料添加剂产品、70 余个兽药产品，以及以"强普生"和"强普素"为代表的用天然物制造的绿色兽药和饲料添加剂。他们以关爱动物健康来关爱人类健康，为促进有机食品生产的大力发展积极努力。

表 4　镇江市主要中药企业生产情况

企业名称	药材年用量（公斤）	药材成本（万元）	2021 年产值（万元）	设计产能（万元）	"十四五"规划（万元）
七〇七	462994.4	1458.49	6409.2	38000	28000
厚生	250156	667.8	1536.9	11114	135000
吉贝尔	114400	319.18	2900	10700	19600
中兴	179137	360.63	19005	20670	39108
恒新	9930	58.95	119.64	1200	2000
华洪	411000	2342.0	27500	30000	200000
苏南	750805	1388.38	4126	33820	37202
合计	2178422.4	6595.43	61596.74	145504	460910

四、中药材产加销经营体系初步形成

由表 1 和表 3 可以看出，镇江中药材种植主要集中在茅山丘陵地区，已经形成了丹阳市万仕诚药材种植有限公司、句容怡康园家庭农场、江苏茅山地道中药材科技公司、句容澳升覆盆子科技开发公司等专业种植企业，品种多样，技术规范，并配套有烘干、分拣、初加工能力，具有稳定的销售渠道和抗市场风险能力。从加工能力看，仅在调查统计中的 7 家企业，药材年用量就达到 2178 吨，加上生物制药企业所用原料药材就更多。从销售渠道看，药企收购的总体上占 47.5%，自产自销的占 37%，自产自销的主要是分散种植、药食两用且以食为主的产品，从 300 亩以上规模种植养殖品种看，药企收购的占 66.6%，镇江市最大的药材收购企业是江苏华洪药业科技有限公司，他们以生产中药饮片为主，品种达 500 多种；最大的药材经纪是句容康泰中药材合作社，他们与深圳、苏州制药企业有稳定的供货关系，收购来自句容、金坛、

溧阳、溧水、宜兴等茅山地区的中药材，与安徽亳州中药材市场也有广泛的联系。因此，目前全市中药材实行订单生产的占63%以上，产销一条龙生产体系初步形成。

五、中药材产学研合作成果初显

江苏大学药学院科研力量雄厚，在中药品质评价与药用资源开发利用、中药药效物质基础、中药新型释药系统、中药炮制与中药饮片质量控制等4个研究方向形成了鲜明特色。在中药质量标准化、中药材种植规范化、中药品种整理和寻找、扩大新药源及中药新药开发等方面的研究取得了重要进展，尤其在珍稀濒危中药资源保护和可持续利用方面独具特色。对镇江市特有、民间长期使用、确有疗效的金蝉花进行新食品原料和中药创新资源开发研究；对桑叶开展品质评价、品质形成的科学内涵、活性成分的生源解析和代谢调控，以及降血糖药品和保健品的开发利用等方面的研究，提高了蚕桑资源的综合利用和可持续发展，科研成果丰硕。天然保肝药物及其制剂创新关键技术研究与应用获教育部高等学校科学研究成果奖一等奖；中药制剂与质量创新关键技术研究及其应用获中国商业联合会科学技术奖特等奖；高效提取纯化蚕桑活性物质的技术攻关和开发、难溶性药物制剂创新关键技术研究与应用、药食同源活性成分高效筛选及利用关键技术研究、药食两用资源保护与开发等4项成果获中国商业联合会科学技术奖一等奖；濒危道地中药材茅苍术种质资源保护、创新及应用获江苏省科学技术奖二等奖。江苏大学药学院成功建立了超低温脱毒太子参种苗快繁体系，使太子参脱毒率达98%以上，成功率达80%以上；建立了茅苍术种质保护及创新技术，优选培育了稳定的茅苍术新品种，研制了组培新品种的保存技术及野生抚育技术，缓解了茅苍术资源濒危问题；制定了茅苍术栽培技术标准操作规范（SOP），与江苏茅山道地中药材科技有限公司合作建立的茅苍术种植示范基地已被列为国家中药材（茅苍术）种子种苗繁育基地；提出了有机防控概念，探索了白及、太子参、石斛、灵菊七等林药复合经营技术，构建了中草药绿色高效栽培技术体系；开发的桑叶多糖、桑茶等保健食品已在企业产业化推广。通过技术开发、成果转让、共建技术平台、联合培养研究生等多种形式，江苏大学药学院与吉贝尔药业、中兴药业、七〇七天然制药等企业建立了紧密的产学研合作关系。依托商务部和国家中医药管理局共同批准成立的"中药材商品规格等级标准技术研究中心"，制定了《中药材商品规格等级标准》和《道地药材标准》等行业标准，研究完成了薄荷、桑叶、桑枝、桑白皮、桑椹、苍耳子、僵蚕、覆盆子、槲寄生、竹节参10种药材的商品规格等级标准，完成了苏薄荷、亳桑皮两种道地药材标准。制定了省农学会团体标准《金蝉花质量标准》，为金蝉花的质量评价、综合利用及临床用药的安全有效提供科学依据。

中国农业科学院蚕业研究所是我国蚕桑领域的权威性研究机构，在桑蚕与桑树品种选育、栽桑、养蚕技术等方面具有一批国际国内领先的成果，在丹徒高资、世业洲、江心洲、京口新民洲、句容茅山、丹阳云阳街道等地建有成果转化基地，形成了果酒、桑叶茶、桑黄、桑葚干等系列产品。

江苏农林职业技术学院生物工程技术中心建有600平方米种苗繁殖基地（组培中心），开展了黄精种苗组培快繁研究，实现年产120万株铁皮石斛或白及种苗。在江苏农博园建有中药材种质资源圃，从茅山及周边地区收集明党参、茅苍术、白头翁、黄精、老鸦瓣、白及等中药材资源38种，开展了艾草的农艺性状调查及种子繁殖研究，以及茅苍术、白头翁种苗繁殖研究；建立了中药材设施栽培基地，对中药材茅苍术、白头翁、铁皮石斛、白及、射干等品种进行种苗繁育、设施栽培技术开发与品种示范，培育射干种苗60余万株；设有中药材林下立体种植示范基地，开展了白及、铁皮石斛等药用植物林下生态近野生栽培技术示范与推广。他们与句容茅山管委会马埂村、江苏茅山道地中药材科技公司、句容市园林管理中心、句容市春茂湾生态农业科技有限公司、江苏圣福来生态农业有限公司等建立了产学研合作关系，为他们提供中药材种苗繁殖和种植技术支撑。

六、发展中药材产业面临的主要问题与对策建议

1. 加强野生中药材种质资源保护。由于中草药原生环境的变化，野生资源在逐渐消失，茅苍术等野生品种濒临灭绝，抢救、保护野生药材资源迫在眉睫。建议：在野生资源相对集中的茅山、宝华山、南山建

立保护区，人大常委会要制定保护条例，同时在江苏农林职业技术学院、镇江南山农艺有限公司等有一定技术实力和种质资源基础的单位建立中药材种质资源圃，由这些单位负责对野生药材资源的收集整理、性状调查、评价和保存。

2. 规范建立中药材种植养殖生产基地。目前，镇江市的中药材生产总体上处于小、散、乱的自发种植状态，技术不规范，标准不统一，主产地不突出，基础设施不配套。建议：在不占用耕地、不占用基本农田（特别是粮田）的前提下，充分利用镇江市低山丘陵，沿江圩区不同土壤、水资源，以及幼林、疏林地（0.1≤树木郁闭度<0.2的林地）、经济林果的空间资源，合理布局中药材种植养殖基地，制定《镇江市中药材产业发展规划》。据镇江市自然资源与规划局资料，镇江市现有森林药材面积2145亩，产值5480万元，亩均效益达到2.55万元。疏林地、未成林地、迹地、苗圃等2019年年底三调面积78.82万亩，可种植桑树、胡椒、药材等其他多年生作物的园地面积4.36万亩，可调整养殖坑塘6.66万亩。可见，规范扩大建立中药材种植养殖生产基地的空间很大，如果实行林药复合经营，即使利用其中1/3的面积，也有30万亩，具备打造镇江特色的优势主导产业的基础。

3. 设立中药材现代农业产业园区。目前，镇江市的现代农业园区主要负责生产粮油和种植茶果，对提升粮油、茶果的科技和产业化水平发挥了重要作用。但中药材产业一直未受到足够重视，缺乏科技平台，缺乏政策支持，缺乏资金扶持，处于无主管部门状态。建议：在中药材种植养殖主要集中区——句容茅山风景区、天王镇、茅山镇一带，以茅山风景区管委会为主体，组建以中药材为特色的现代农业产业园，将邻近镇药材基地有效组织起来，统一制定园区规划，明确各片区主栽品种，加大标准药田、烘干冷藏、机械采收等基础设施配套力度，强化校企合作、科技支撑，加强品牌建设，特别要抓好名优道地中药材品牌创建，申请国家地理标志保护产品或生态原产地产品保护标志，力争将茅苍术、金蝉花、黄精、明党参等培育成有市场竞争力的优势中药材品牌，参照GAP标准化种植要求，实行标准化种植，规模化生产，品牌化运作，产业化经营。

4. 大力发展中药和生物制药企业。调查发现，制约镇江市中药、生物制药企业发展的主要因素有 4 方面：一是土地瓶颈。大部分药企的现有厂房及配套设施的产能受土地制约，无法在原有基础上进行扩建，现有厂房及设施设备已远远满足不了发展的要求。二是人才匮乏。受镇江区域条件、企业规模、规划发展等因素影响，药学、制药工程、生物制药等高端人才引进不够。三是后劲不足。企业缺乏科技力量，经费不足，新品研发水平较低。四是政策支持不力。政府对中药和生物制药企业的关注度不够，投入较少，政策扶持力度不足。建议：政府要把中药和生物制药作为重要产业来抓，制定专门规划，在国家级开发区组建中药和生物制药产业园区，推动中医药领域的重大项目、重点企业、研发机构和公共服务平台入驻产业园区，引进道地药材提取、分离、纯化等先进技术，开发以中药材为基源的食品、保健品、化妆品等相关产品，提高中药材综合开发利用能力和水平；建立健全土地、科技、税收、人才、金融等方面的优惠政策，完善固废处理机制，降低企业生产成本；支持现有企业增产扩能，壮大生产规模和实力，培育中药制药龙头企业。可以预测，如果建立 30 万亩中药材种植养殖基地，以亩产值 5000元计（现有森林药材亩产值的 1/5），种植养殖原料产值可达 15 亿元。以华洪药业为例，他们收购药材原料生产中药饮片，增值超过 11 倍，30 万亩药材原料产出的中药饮片产值为 165 亿元。以苏南药业为例，他们主要从中药饮片厂采购原料，生产中成药，增值约 3 倍，30 万亩原料产出的中成药产值就达 495 亿元。如果用生物技术提取天然活性成分生产生物制品，其增值将是数十倍乃至上百倍，比如苏南制药以白蚁为原料，仅生产白驹胶囊（尚未纯化活性成分）就增值 48 倍。根据镇江市现有中药和生物制药基础，只要各方形成合力，政策支持到位，到 2030年形成百亿级中药、生物制药产业是可能的。

5. 推动形成中药材产加销一体化。目前，镇江市中药材产加销基本脱节，本地药企所用原料多半采自外地，本地原料又多销往外地，药企制成品同样多数销往外地，徒增采购、销售成本。建议：政府制定相关政策，除本地不能满足的野生药材资源和非本地道地药材外，鼓励药企就地建立药材种养殖基地，实行订单生产，保价收购，同时建立保险机制，防范自然风险和市场风险；加强中药材专业合作社、家庭农场（公司）等新型农业经营主体建设，采取政府推动、市场主导、奖补扶持、技术指导等措施，大力推行"公司+合作社+农户"模式，做大、做优、做强道地药材和大宗适生药材。鼓励本地医药公司和医院，在同质同价条件下，优先集中采购本地药企产品，降低采购成本，让利于民，减轻患者用药负担。

6. 强化中药材"产学研用"合作。镇江市中药产业科研实力雄厚，成果丰硕，但"产学研用"合作不够紧密，成果转化相对较少，生产与科研基本脱节。建议：大力推动校企合作，加快建立以需求为引导、企业为主体、市场为导向、产学研深度融合的技术创新体系，促进更多先进科技成果在镇江转化。科技、农业农村、自然资源与规划（林业）、工信等部门建立产学研（成果）合作信息共享平台，为生产基地和制药企业提供成果清单和技术支持，方便高校、科研院所了解基地、企业的技术需求；对产学研合作、成果转化实行双向激励，调动成果、技术供需双方研用积极性，特别重视基地、企业侧的鼓励，增强他们应用新技术、新成果的动力，让基地和企业主动寻求高校、科研院所人才、技术支持，发挥"揭榜挂帅"制度优势，科研立项更多向解决生产一线技术难题倾斜；借助高校、科研院所科技人才优势，以龙头企业和专业合作社为载体，建立中药材良种繁育、种苗繁殖基地；培育以企业为主体的中医药科技成果转化工程技术研究中心，鼓励中药生产企业申报国家高新技术企业认定。

7. 建立健全中药材产业跨部门协调协作机制。镇江市至今无确定的中药材产业主管部门，它涉及发改、工信、农业农村、自然资源与规划（林业）、卫生与健康（中医药）、文化与旅游、市场监督、财政、科技、商务、金融等单位。建议：在市委、市政府建立高位协调机制，明确各部门职责，制定发展规划，研究中医药传承创新、高质量发展等重大问题，促进形成部门合力；在项目审批、土地供应、资金支持、人才引进、信息服务、科技支撑、成果转化、品牌建设等方面制定政策，支持中药产业发展，力争中药产业在"十四五"时期初具规模，2030 年成为镇江市的优势主导产业。

（屈振国　张留芳）

市委主要领导批示：

　　请郭建、海滨同志阅。

　　发展中药材产业在镇江有渊源，有基础，有潜力。句容乃至茅山可以率先重点研究，形成示范效应。

2022. 9. 21

深化
农村改革

镇江市农村土地流转中的主要问题与对策*

　　土地是农民赖以生存的主要资本，也是实现高水平小康和乡村振兴的主要资源。农村土地承包经营权流转（以下简称土地流转）则是推进农业集约化经营、规模化生产、产业化发展的必由之路。依法、合理、有序、规范土地流转行为，有利于土地资源优化配置，保护农民土地权益，促进农民增收，发展现代农业，推进城乡一体化。

　　近期，我们对全市农村土地流转情况进行了一次专题调查，总体感到，农村土地流转市场发展迅速，有序开展，土地流转工作取得了很大成效。但正确分析当前农村土地流转过程中存在的主要问题，处理好各种主体的利益关系，制定并完善有效推进农村土地流转的政策措施，仍是农村土地制度改革的重要方面。

一、镇江市农村土地流转的基本情况

　　近年来，镇江市在推进农村土地确权、流转和规模经营工作中，坚持因地制宜、科学规划、合理布局，培育新型农业经营主体，发展现代农业，有力促进了农村土地以出租、转让、互换、股份合作等多种形式的流转。

　　据《2018 年农村经营管理情况统计报表》可知，全市农村集体农用地总面积 279.5 万亩，其中耕地 189.9 万亩，占 67.94%。全市共有58.28 万农户，家庭承包经营农户 43.72 万户，占 75.02%，承包经营耕

　　* 本文 2019 年 7 月 19 日发表于中国老区网"调查研究"栏目和《中国老区建设》2019 年第 9 期。

地 151.5 万亩，占耕地总面积的 79.78%。全市农村承包地确权登记完成实测 139.94 万亩，确权到户 137.89 万亩，涉及 34.54 万农户。全市涉及承包地流转的农户有 25.12 万户，占总承包户数的 57.5%，流转总面积为 95.5 万亩，占耕地承包经营面积的 63.04%。其中，流转给农户（包括专业大户或家庭农场）的有 42.49 万亩，占 44.49%；流转给专业合作社的有 17.52 万亩，占 18.35%；流转给企业的有 15.35 万亩，占 16.07%；流转给其他经营主体的有 20.15 万亩，占 21.10%。土地股份合作 16.31 万亩，占承包耕地总面积的 10.77%。全市农业适度规模经营面积达 118.33 万亩，占农用地总面积的 42.33%。其中，家庭农场经营 46.25 万亩，占规模经营面积的 39.09%。

二、当前农村土地流转中的主要问题

1. 土地流转不确定性增加。随着乡村振兴、脱贫攻坚等各项惠农政策措施的出台及农机化水平的提高，部分农民特别是人多地少的东部地区（如扬中）及高效农业发展较好地区（如句容东南部）的农户"惜地"意识有所增强，对土地流转收益的期望过高，出现不愿土地流转和土地难以流转的现象，尤其是连片流转难度加大。同时，由于经济转型升级，对知识、技术的要求上升，非农就业的风险性和非农收入的不稳定性增加，兼业农民不敢也不愿彻底放弃土地真正走进城镇，以致近年来返乡创业就业比例逐年提升。另外，因为国家粮食收购价格下降，部分规模种粮主体出现亏损，一些地方出现放弃经营或难以续租的情况。

2. 土地流转利用层次不高。在流转形式上，散户流转、委托代管仍占一定比例，难以连片成方。据不完全调查，未签订流转合同的耕地仍占总流转面积的 12.02%。在土地利用上，存在粗放经营和低层次经营的情况流转用于种植粮食作物的面积占 39.93%，投入少，科技含量不高，抵御市场风险能力不强，规模偏小。在开发深度上，一些规模经营者特别是部分工商资本，有圈地嫌疑，产业层次不高，满足于一般种植，如苏州客商租用句容高庙村 2000 亩地种植樱花、海棠等苗木已有 8 年，只为自己"绿色银行"，而不愿发展观光农业，连修整道路都不愿投资。

3. 土地流转价格形成机制不完善。农村土地存在区位、等级、肥力、基础设施等差异，加上农产品价格、农资供应、政策等因素的变化，导致不仅存在绝对地租，也存在级差地租。目前，镇江市土地流转的价格评估机制尚不健全，流转价格缺乏依据，随意性很大，制约了农民流转土地的积极性。镇江市土地流转价格在 500~1600 元/亩，差异很大，总体呈现东高（主要是扬中）西低（如丹徒、句容丘陵地区），市郊高于远郊，高效农业发展好的地区高于传统粮油种植区。

4. 土地规模经营效益难保障。当下的农业依然是一个受气候影响较大的弱质产业，而流转的土地多半相对偏远，农业基础设施薄弱，生产条件较差，容易受到自然灾害的影响，规模经营者难以有效耕种。例如：镇江新区"万顷良田"流转给江苏润果已有 11 年，至今有效耕种率不足 80%，有的亩产只有五六百斤；有的土地流入主体规模经营经验不足，对市场把握不准，时常出现农产品卖难问题，即便像句容戴庄村经营状况较好的也存在市场不稳定情况，很难获得预期效益；有的经营者盲目引进新品种，既有北种南引不成功的，比如丹徒高桥引种的苹果，也有南种北引品质难保障的，比如句容引进的木瓜等热带水果，效果难达预期。

5. 土地流转收益分配不规范。我国法律规定，农民对土地只有经营权，没有所有权，土地经营权流转后，农业补贴的发放应当坚持"谁经营补给谁"的原则。但在实际操作中，流转后涉及的各类补贴往往没有随土地流转而转移给受让方，而是被原土地承包户所享受。比如每亩 120 元的耕地地力保护补贴，仍是直接发给承包土地的农户，实际受让土地经营者并没有获得此补贴，这客观上增加了原承包农户的收入，而实际进行耕地地力维护的却是受让土地的规模经营者。对在本地租赁土地种粮的外地农户也不发放粮食适度规模经营补贴，包括在镇江市范围内跨区、县种粮的也没有补贴，这些都间接加重了流入方的生产成本。此外，多数地方实行的土地股份合作只是获得了约定的土地租金，并未与土地经营者形成利益共同体。

6. 土地流转风险防范机制不健全。国家虽然开放了土地经营权抵押贷款，除个别固定资产多、信用程度高、经营效益好的农业经营主体（如句容岩藤农场获得贷款 200 多万元）外，在多数基层实际操作难，融资成本依然较高，抵挡不了金融风险的冲击。国家对发展设施农业有政策规定，但在基层落实配套设施用地政策难，机具存放、产品加工和仓储等都不同程度地存在问题，丹徒五塘村的粮食烘干设施至今仍露地存放，农民合作社等新型经营主体受到政策瓶颈制约。有的地区土地流转合同不规范，流转期限短，导致流入方不愿长期投资、培肥地力，搞掠夺式经营，承包几年就溜田。有的粮油规模种植者，受粮油价格下调影响，连续亏损，弃田走人，造成土地租金难以兑付，甚至通过担保或抵押农村土地承包经营权取得的贷款也难以追索。有的经营主体技术储备不足，盲目流入土地，经营失败，如丹徒五塘村 2016 年 7 月流转的220 亩土地原定由镇江天普农业发展有限公司承包经营 12 年，土地租金每年 1050 元/亩，但公司养殖南美白对虾仅两年就因难以维持而终止承包，给集体经济本就薄弱的五塘村兑付农民土地租金造成了很大压力。

7. 土地流转服务不到位。目前，全市辖市区、镇、村土地流转服务机构已基本全覆盖，但职能作用发挥不佳。一是土地流转的引导服务不到位。流转信息渠道不够通畅，一方面，一些创业成功者或常年外出打工的农户有减少或放弃承包土地的愿望。另一方面，一些家庭农场、农民合作社有扩大经营的需求，但信息不对称，形成了"转难、租难"局面。二是对土地流转的管理监督职能落实不到位。客观上农村有一部分土地处于自发性无序流转状态，由于监管缺失，一些基本农田流转后变成鱼塘、虾塘、苗圃，甚至非农用途，违反了国家对基本农田保护的规定。三是调处土地流转纠纷不到位。据不完全统计，近年来，全市年均涉及土地承包和流转的纠纷千余件，得到有效调解的约占 91%，仍有9% 的纠纷不能很好解决，存在稳定隐患。

三、对策与建议

农村土地流转涉及面广，政策性强，在实施脱贫攻坚、乡村振兴战略的大背景下尤为值得重视，需积极稳妥推进。建议党委、政府对全市已流转土地进行一次回头看，进一步规范农村土地流转市场，以市场促流转，以流转促发展，以维护民权，促农增收，繁荣农村，稳定社会。

1. 规范有序推进土地流转。进一步健全农村土地流转服务和管理体系，将土地流转全面纳入平台管理；规范土地流转市场行为，引导流转双方依法签订流转合同，增强流转双方的风险防范意识；加强工商资本等非农资本投农的资格审查、项目审查和用途管制，对流转合同的签订、鉴证、备案、登记和跟踪管理等各环节，实行风险预警、风险控制和风险管理；制定防范土地流转风险政策，开展土地流转履约保证保险试点，明确试点地区凡进入农村产权交易市场的土地全部参加土地流转履约保证保险，切实保护小农户的利益；借鉴城镇土地转让方法，明确受让土地的用途性质，并根据不同土地用途规定受让方对土地的投入强度，试行受让方缴纳土地流转风险保证金制度，把流转风险降到最低，稳定农民收入预期。要有效化解土地流转纠纷，切实维护双方合法权益。

2. 健全土地流转价格评估机制。完善土地流转价格评估机制是实现土地收益在国家、村集体、出让方、受让方之间公平、合理分配的关键。一是确立科学合理的农村土地等级体系。参照城镇土地等级标准制定方法，建立流转土地信息库，对流转土地评级定等，制定包括土地级差、区位、基础设施等因素在内的基准价格。二是制定完善的流转土地估价指标体系。建立切合镇江市各地实际、具有较高精度的流转土地价格评估方法和最低保护价制度，确保流转土地估价有章可循。三是建立流转土地资产评估机构。组建由自然资源、规划、农业、农经等专业人员组成的专家组，或引入第三方土地评估机构对流转交易价格及其动态调整机制进行评估。四是建立健全土地流转评估价格信息收集、处理与公开发布制度。信息的公开、透明是市场机制发挥作用的前提，搭建土地流转信息服务网络平台，建立包括流转土地基准价格、评估价格和交易价格等信息在内的流转土地价格信息登记制度，真实反映流转价格变动态势，并通过媒体及时公开发布，为农民土地流转提供信息服务与指导，降低流转成本，提高流转效率。

3. 培育壮大新型农业经营主体。充分激发现有项目发展活力。对土地流转承接主体，要根据合同对其实施内容、投入强度、建设标准、经济效益、带动农户、缴纳租金等履约情况进行全面梳理、分析研判；对执行合同较好的项目，要加大政策激励力度，鼓励其扩大经营规模、充实经营内容，提升产业层次；对"僵尸"项目，要帮助其分析问题，研究解决办法，给予针对性的政策扶持和相关服务，充分激活其发展活力；对租金低、租期长、有圈地嫌疑、产业层次不高、带动性不强的项目，要强化经营主体的为农服务意识，通过政策引导、搞好服务，激发其转变观念、增加投入、优化产业、增加收益的积极性；对缺资金、缺技术、缺管理、经营异常、效益不佳、租金缴纳不及时、难以持续的项目，要主动与经营主体沟通，劝其退租、终止合同，消除不稳定隐患。加大农业项目招商引资力度。吸取已流转项目的经验教训，研究制定农业招商激励政策，着力招引一批外向度高、科技含量高、带动能力强的农业龙头企业和重大项目；鼓励社会资本进入农村市场，引导有资金、懂技术、善经营、会管理的返乡农民工参与农业适度规模经营，结合优势特色产业发展，建设现代农业园区，实行集中集约开发。创新经营模式。因地制宜实行土地托管、土地入股、生产服务等各类形式，发展壮大家庭农场、农民专业合作社、农业企业和农业社会化服务组织，推进农村土地适度规模经营：像丹阳嘉贤米业那样，以农民承包经营权入股，推进稻鸭共作产业化；如恒顺醋业那样，与丹徒区荣炳镇的家庭农场、农民合作社建立利益共享、风险共担的联合体，推动农业一二三产业融合发展。

4. 充分发挥土地流转机构职能作用。加强镇街土地流转服务中心的规范化建设。健全开放、竞争、公平、有序、规范的土地流转市场，强化土地流转指导服务，坚持"依法、自愿、有偿"原则，切实尊重农户意愿，严格按照法定程序操作，不搞强迫命令等违反农民意愿的硬性流转行为；坚持"集中、连片、规模"原则，发挥集约经营的作用，产生规模效应；坚持"指导、管理、规范"原则，加强对土地流转全程规范指导管理和服务，严格土地性质监管，防范用途改变。健全农村土地纠纷调处网络与机制。加强农村土地纠纷仲裁机构建设，合理配备人财物等资源，确保土地纠纷调处和仲裁机构正常运转，妥善处理土地流转纠纷，切实维护土地所有者、承包者和经营者的合法权益，维护农村社会稳定。

5. 加大财政金融支持力度。加大财政扶持力度。镇江市各地已经设立了土地流转和规模经营财政引导资金，但不均衡，要继续加大对规模流转土地和规模农业经营主体的奖励或补贴力度，支持承包土地向新型农业经营主体流转，引导零散耕地向规模经营主体流转聚集，形成农业规模效应。加大农业基础设施投入力度。在高标准农田建设、农田水利

余晖

设施、农业综合开发等项目安排上向规模经营主体倾斜，鼓励其对农田基础设施和现代农业设施加大投入。加大信贷和农业保险支持力度。把规模经营作为信贷支农的重点，明确抵押贷款对象和资金用途，提高农业担保公司的担保范围与担保额度，降低土地规模流转主体贷款门槛；建立健全灾害风险补偿基金、农作物病虫保险基金等；探索实施互保合作方式，组建"农业生产者互助合作保险组织"，本着自愿原则，实行会员缴费、财政补助、自我管理、合作共享，专户监管、滚动发展的农业保险运作模式，为促进土地流转和规模经营提供有力保障，最大限度地降低土地流转带来的风险。

6. 完善农村社会保障机制。让农民在基本生活、医疗、养老、社会救助、子女教育等方面得到有效保障，解除农户土地流转的后顾之忧和心理障碍，降低农民对土地的依赖程度，使农民放心、安心。强化土地承包经营权确权功能，确保农民放心流转土地。对承包土地全部流出的农户，在创业就业、技能培训、信贷支持、金融担保等方面给予支持。对举家落户城镇的农民，在购房、经商、税收等方面给予优惠，吸引农民安居城镇，促使农民既离土又离村。

（屈振国）

市委主要领导批示：

请丽虹同志研处。

2019.7.24

市政府分管领导批示：

市老促会的报告有一定价值，请市农委、财政等相关部门阅研，并适时提出制度性建设意见和创新项目试点推进，以满足现实需求。此外，针对报告中反映的案例式材料进行分析，对个性化案例要与老促会沟通，修改表述方法，尤其是对涉法敏感性个案，更要慎之又慎，防止媒体炒作或被别有用心之人滥以引用。

2019.7.24

高质量发展农民合作社
需重点解决的几个问题*

党中央、国务院高度重视农民合作社事业发展。习近平总书记多次作出重要指示，指出："农村合作社就是新时期推动现代农业发展、适应市场经济和规模经济的一种组织形式""农民专业合作社是带动农户增加收入、发展现代农业的有效组织形式，要总结推广先进经验，把合作社进一步办好"。

2019年9月27日，国务院在河北邢台市专题召开促进家庭农场和农民合作社高质量发展工作推进会，会上胡春华副总理指出，当前我国农业生产正在发生历史性变化，家庭农场和农民合作社引领现代农业发展的作用日益凸显。要坚持农民合作社合作经济组织属性不动摇，引导农民按照产业发展需要成立合作社，支持延伸产业链条，拓展服务领域，服务带动更多农户推进农村一二三产业融合发展。要加强对小农户的扶持，增强其适应和接纳现代农业的能力。要鼓励龙头企业、农业科技服务公司为农户提供各类专业化服务。加大对家庭农场和农民合作社扶持力度，增强发展活力和服务带动能力，为加快农业农村现代化提供有力支撑。

镇江市自2007年7月实施《农民专业合作社法》以来，各级党委、政府高度重视农民合作社建设，成果丰硕，农民合作社已成为重要的新型农业经营主体和现代农业建设的中坚力量。据《2018农村经营管理年报》可知，全市农民合作社总数已达3575家，其中被各级农业主管部

---

* 本文2019年11月13日发表于中国老区网"调查研究"栏目和《中国老区建设》2020年第4期。

门认定为示范社的有 471 家，占合作社总数的 13.17%。全市入社成员 54.99 万个，占农户总数 58.28 万户的 94.35%，其中普通农户 36.39 万个，专业大户及家庭农场 1.54 万个，分别占入社成员总数的 66.18% 和 2.8%，合作社建设成效显著。11 年来的实践表明，农民合作社在组织带动小农户、激活乡村资源要素、引领乡村产业发展、维护农民权益等方面发挥了重要作用，已成为实施乡村振兴战略、助力脱贫攻坚、把小农户引入现代农业发展轨道的重要力量。

但是，镇江市的农民合作社总体上仍处于发展的初级阶段，呈现出"大群体、小规模、弱功能"特征。农民合作社虽数量众多，但有相当部分名不符实。据镇江市市场监督管理局统计，近年来经工商注册登记的农民合作社年报率在 67.5% 左右，说明有近 1/3 的合作社并不实际运营，处于"空壳社"状态。据调查，投资在 200 万元以下的合作社占 58.8%，具有加工、销售服务能力的合作社仅占 37.2%，拥有注册商标的合作社只有 414 家，占 11.6%。农民合作社在组织带动小农户进入大市场时，面临着种养技术集成水平不高、产销衔接不紧密、加工流通能力不强、品牌影响力不大、融资难融资贵等困难；存在着合作社规范运行水平不高、创新发展能力不足、合作社区域间和产业间发展不平衡、联合社发展不充分等问题，带动小农户的功能作用比较薄弱；指导扶持服务体系也有待健全。因此，高质量发展农民合作社迫在眉睫。

一、规范提升单体农民合作社发展质量

目前，镇江市的农民合作社主要由村集体、农业企业、家庭农场（种养大户）、镇街供销社投资组建，单体合作社占合作社总量的 99.66%，合作社理事长由村干部、大学生村干部、基层农技员、农机手、农业企业负责人、家庭农场主担任，具有较丰富的农业生产、经营、管理经验，为农民合作社正常运行提供了资金、技术、管理、市场营销等多方面的保障。但调查发现，由村组建的土地股份合作社 80% 以上只是土地流转的代名词，合作社并不实际运作；农业企业、家庭农场领办的合作社中 60% 以上一股独大，实际上只是为享受政策红利而挂着合作社的"招牌"，社员由土地流转给合作社的农户组成，社员得到的只是土地租金和优先打工权，出资为零，不享有合作社的权利；在合作

社总数中，85%以上的合作社其社员出资之和占合作社总出资额比例不到20%，说明这些合作社在投资主体的数量与比例上不符合国务院《合作社登记条例》的规定，"农民专业合作社中农民至少应当占成员总数的80%"；从可分配盈余按交易量返还成员的合作社数看，有622个，占合作社总数的17.4%，也进一步说明80%以上的合作社不是严格意义上的规范的农民专业合作社。因此，规范提升农民合作社质量是当务之急。要以贯彻落实《农民专业合作社法》为主线，以促进合作社高质量发展为目标，坚持规范与创新并举，不断完善合作社经营模式、运行机制和监管方式，推进合作社组织创新与制度创新，强化指导扶持服务，培树典型，以优示范，由点到面，推动合作社合法做优、做大做强。

围绕发展壮大单体合作社，必须下决心清理整顿一批、规范提升一批、培优壮大一批，提升合作社发展质量。强化"去库存"。依法依规、明确标准、分类处置，对不合标的合作社要彻底整顿，对"一人社""家庭社""独资社""挂牌社"等"空壳社"要坚决清理；建立健全退出机制，以简易程序为农民合作社自主申请注销登记提供便利。推进"强监管"。根据《农民专业合作社法》，制定地方法规《规范化农民专业合作社认定管理办法》，以健全成员管理、财务管理、生产标准、盈余分配等制度为重点，开展合作社规范化建设，建立规范社动态调整机制。坚持"真自愿"。市场监管、农业农村部门要前置辅导机制，从注册登记、法律法规、入社后的权利义务等方面对发起人进行培训，从源头上规范合作社创建，真正体现自愿原则；注册上推行"最多跑一次"，上门"送服务"。发挥"强功能"。在健全成员账户、实行社务公开、坚持民主管理、依法盈余分配、保障成员权益的基础上，扩充新业务、建设新业态，推广新模式，拓展新功能，不断增强合作社的经济实力、发展活力、带动能力和市场竞争力，充分发挥其服务农民、帮助农民、提高农民、富裕农民的功能作用，赋予双层经营体制新的内涵。

二、大力发展农业生产性服务合作社

发展农业生产性服务合作社是实现小农户和现代农业有机衔接的重要途径。近几年来，镇江市农业社会化服务组织顺应农村劳动力结构变化和生产方式的变革，发展迅速。全市拥有服务类合作社676个，占合作社总数的 18.9%，其中农机、植保服务合作社分别有 364 家和 132 家，他们以多种组织形式满足各类不同需求：以句容宝华镇仓头村三薛农机专业合作社和扬中市八桥镇红光农机专业合作社为代表的"村级集体牵头型"，为农民特别是缺劳动力户提供了主要农事环节的农机服务；以丹阳市访仙镇祥云农机专业合作社和句容郭庄镇纪兵农机专业合作社为代表的"家庭农场兼业型"，为农民提供了"菜单式"农机服务；以恒馨米业组建的后白镇神力农机合作社和丹阳嘉贤米业组建的稻鸭共作合作社为代表的"农业企业带动型"，为农民提供了粮食加工、销售、有机农业等难事服务；以镇江新区江苏润果的粮食烘干和句容天王镇民乐机插秧专业合作社为代表的"专业服务型"，为农民、小型家庭农场提供了单项农机服务；以丹徒荣炳水利农机站牵头组建的农机合作社和句容茅山供销合作社牵头组建的东霞现代农业服务合作社为代表的"农口站所（社）组建型"，为小农户及中小型家庭农场提供了"保姆式"农业生产全程服务。年作业面积 740 余万亩次，在一定程度上缓解了农村劳动力老龄化、缺少劳动力与提升农业生产力、农业可持续发展的矛盾。

目前，镇江市约有 20 万小农户未加入合作社，即便是加入合作社的农户，享有合作社互助服务的也有限，部分中小型家庭农场由于农机不配套、技术不全面，也有大量社会化服务需求。而全市除机耕、机收基本满足需求外，其他作业特别是秸秆还田、施肥、植保、粮食加工等尚不能满足需要，能够提供全程服务的更少。据不完全统计，2018 年，全市农业生产托管面积 17.05 万亩，接受托管服务的农户只有 5.3 万户，不到 10%，远不能满足社会化服务需求。随着"40 后""50 后""60 后"农村劳动力的老龄化，农业生产托管服务需求将越来越大。小农户等经营主体通过生产托管，接受统一耕翻整地、集中育秧、统一播栽、统防统治、统一收割、统一烘干仓储，乃至统一加工销售等部分或全部作业环节的服务，是服务型规模经营的重要形式。从现有实践看，"家庭农场兼业型""农业企业带动型"可能会先己后人导致服务不及时甚至延误农时，而"村级集体牵头型""农口站所（社）组建型"服务专业，更受农户欢迎，同时还能增加集体经济收入；"专业服务型"则因弥补了小农户、小型家庭农场配套农机利用率不高的缺陷而备受青睐。

因此，要从政策上更多地鼓励村集体、镇街农口站所和农机专业户创办、领办农业生产性服务合作社，推动农业服务型规模经营发展，进而整体提升现代农业发展的质量和水平。

三、因地制宜发展生产、供销、信用"三位一体"综合性合作社

推动农民合作社生产、供销、信用"三位一体"改革，构建新型农民合作经济组织体系，是习近平总书记在浙江工作时亲自部署推动的统筹农业经营体制创新、农村金融体制改革和供销合作社综合改革的一项重要的农村综合改革，是习近平新时代中国特色社会主义思想在"三农"领域的重要实践成果。

生产合作，主要是围绕农产品开展产业合作和生产性互助服务，推动形成现代农业生产服务体系。供销合作，主要是供销合作社围绕农民生产生活，推动现代商贸服务体系建设，与村集体、农户组建消费合作社，组织农产品进城、工业品下乡，发展电子商务，形成具有统一品牌和形象的线上线下融合、城乡覆盖的日用品和农产品连锁配送体系。信用合作，主要是发挥农信机构作用，在对合作社成员信用状况评定基础上，对合作社成员授信服务与担保服务实行全覆盖；同时，依托现代农业服务和城乡商贸服务体系，将普惠金融服务延伸到村；引导有条件的合作社组建资金互助合作组织，为农民提供资金互助服务，推动农村信用服务体系的形成。

农户如何进入市场，是多年来没有解决好的体制性问题。从浙江10多年的实践来看，将生产、供销、信用服务融为一体的农民合作社，能够为农户甚至包括农民专业合作社提供技术、购销、金融、保险、生活消费等全方位的社会化服务，所有的经营业务相互支撑，所有的经营利润由社员共同分享，构成一二三产业融合发展的完整产业链条。农民合作社在组织小农户参与农业农村现代化进程中具有无可比拟的制度优势。

中央对浙江做法给予了充分肯定和高度评价。国务院在浙江绍兴组织召开现场观摩会，推广以合作社为组织载体发展生产、供销、信用"三位一体"的综合业务合作模式，提供单个农户办不了、发展最需要的服务。江苏省兴化市、江宁区参照浙江做法，在县、镇、村三级也都

有了成功实践。

从统计看，镇江市实行产加销一体化服务的合作社有1331家，占合作社总数的37.23%，但大多是围绕单项农产品开展的产业化服务，综合性程度不高，仅有少数具有综合性合作社的雏形。句容市郭庄镇于2016年10月通过生产合作、消费合作和村社合作等形式，广泛吸纳农民和各类新型农业经营主体入社，探索组建农村消费合作社，设立了生产、生活服务部，为辖区入社社员提供生产、生活等方面的综合服务。三年来，主要开展了农业生产性服务，以纪兵农机服务和杰旺机插秧合作社两家消费合作社成员为主要载体，通过开展合作式互助、菜单式点供、保姆式托管等多种形式，优先为有生产服务需求的社员提供代耕代种代收、统防统治、烘干收储、加工销售一条龙服务，服务收费确保低于市场收费价10%左右；开展社区消费服务，通过以郭庄供销社与句容便民超市合作共建的郭庄、葛村两个镇级购物中心为主要载体，以9折价让利加入消费合作社的成员，从而实现消费返利。合作社成员平均每年消费服务节约支出150万元左右，其中生活消费返利50万元，生产消费节约成本100万元；开展信用服务，针对农村"融资难、融资贵"问题，加强与商业银行合作，开展"一次授信、几年有效"的"富民贷"金融业务，帮助社员办理小额信用贷款，促进农业适度规模经营；积极推广农业社会保险，增强社员风险抵抗能力。

镇江市的合作社内部信用合作也有一定基础，在丹阳导墅、丹徒高桥等地都有一些探索。截至2018年，全市开展内部信用合作的合作社有288家，占合作社总数的8.06%；开展互助合作保险的合作社有50家，占1.4%。从实践看，有一些值得深思的问题。选择产业基础牢、带动能力强、信用记录好的合作社，积极稳妥开展内部信用合作，坚持限于成员内部、服务产业发展、吸股不吸储、分红不分息、风险可掌控，探索满足小农户发展产业融资需求的有效途径；支持规模较大、运行规范的合作社和联合社依法开展互助保险，探索帮助小农户多渠道化解风险的新型方式。

郭庄等地的探索实践，突破了单一服务模式，初步形成了全链条保姆式服务新体系；有助于打造乡村产业体系，整合品牌体系，健全营销体系；密切了与农民的利益联结，形成合作社与农民的利益共同体，构建了综合性、规模化、可持续的为农服务体系，是推动农村经营方式的重大体制机制创新，是促进农民共同富裕的重要实现途径，也是实施乡村振兴战略的重要抓手，值得进一步扩大示范。

四、积极培育发展农民合作社、联合社

多年来，镇江市各地对农民合作社、联合社发展进行了有益探索，通过引导合作社以产品和产业为纽带开展合作与联合，组建多种形式的联合社，扩大合作社的规模，发挥规模效应，增强了合作社在市场竞争中的主动权。截至 2018 年，全市建有专业联合社（会）13 家，拥有成员 1815 个。丁庄万亩葡萄专业合作联社就是其典型代表。他们围绕葡萄优势产业，由当地最大几家合作社牵头，联合产前、产中、产后各类经营主体，于 2015 年 8 月成立联社，下设生产、技术、管理和销售 4 个部，将茅山镇现有 110 家合作社、1900 家种植户全部并入联社，镇农业服务中心及涉农相关部门也全部加入，延伸产业链，提升价值链，有效提高了葡萄产业的组织化程度和规模效益。目前，联社拥有葡萄 2 万多亩，年产值近 3 亿元，"联"出了富民效应，"联"出了产业竞争能力。2019 年 5 月，丁庄葡萄作为国内入驻上海 Costco 连锁超市的唯一葡萄供货商就是最佳注解。丹阳市迈村吟春碧芽茶叶合作联社、句容市西冯草坪合作联社、唐陵村苗木合作联社等都是产业合作的成功范例，它们普遍实行村社合一，不仅带动了农民持续增收，还促进了村级集体经济的发展壮大。

在行业性联合上，由江南生物科技有限公司牵头成立的丹阳市食用菌联合社，已成为集食用菌科研开发、菌种选育扩繁、食用菌工厂化周年栽培，以及产品收购、加工销售、技术培训和龙头带动为一体的食用菌合作经济组织，通过"三共三统一保"，即共同出资、共创品牌、共享利益，统一供种供料、统一技术标准、统一产品购销、二次返利保障社员利益，实现了联社品牌响、知名度高、影响力大、竞争力强的目标。丹阳食用菌在沪宁沿线城市的市场份额不断提升，直接带动 1500 户农民增收致富，入社成员家庭人均收入比普通农户增长 55% 左右，体现了农民出资、农民参与、农民收益。

在区域性联合上，2018 年 5 月，镇江市成立了第一家农村消费合作

社联合社，它由 11 家镇级农村消费合作社、11 家服务型专业合作社和 14 家农产品加工销售企业组成，吸纳入社农户 7.6 万户，吸收新型农业经营主体 500 多家。农村消费合作社联合社的成立，有利于推动行业自律，为农业农村和农民提供生产、消费、供销、信用服务，在发展主导产业、振兴乡村经济上发挥了积极作用。浙江省整合农口资源，组建了省市县乡四级农民合作经济组织联合会（社），推动通用性服务资源向区域农合联聚合、专业性服务资源向产业农合联聚合、各类农村金融服务资源整合入驻农合联平台，形成了各类涉农服务资源向农合联集聚的体制机制，构建了综合性、规模化、可持续的现代农业社会化服务体系。

大力推进镇江市合作社区域性、行业性、产业链纵横联合的时机已经成熟，党委、政府应给予政策支持，涉农部门相互配合抓好试点，推动农业生产、农民生活、农村生态协调发展，推进农业适度规模经营，密切产销衔接，加强农业品牌建设，全面提升镇江市农产品市场竞争力和现代农业发展水平。

五、提质增效农村社区股份合作社（农村集体经济股份合作社）

农村社区股份合作社是将农村集体净资产量化到成员后形成的合作经济组织，是农村集体产权制度改革的重要内容，对于促进村级集体经济发展壮大、集体资产保值增值、集体成员收入持续增长具有现实意义。2010 年，镇江市首家社区股份合作社在丹阳市云阳镇车站村（社区）诞生，几年来积累了一些成功经验。但是，长期以来由于农村资源、资产产权归属不清晰、权责不明确、边界难界定，以及农村劳动力集体成员流动性大、认定标准难确定、政策不配套等因素，社区股份合作社推进缓慢。近三年来，从中央到地方，在前期试点示范、积累可复制可推广经验的基础上，制定了一系列农村集体产权制度改革政策，加强了农村集体"三资（资源、资产、资金）"管理，对土地承包经营权进行了确权登记发证、农村集体资产清产核资。截至 2018 年年底，全市 597 个村（含涉农社区）有 57.59 万农户，172.46 万农村人口，村集体总资产 136.52 亿元。到 2019 年 6 月底，全市已有 577 个村基本完成改革，占 96.6%，确认农村集体经济组织成员 161.49 万人，量化农村集体资产 42.65 亿元；农村集体产权交易市场实现辖市区、镇级全覆盖，今年上半年农村集体资产交易总额 5.02 亿元，成立社区股份经济合作社 579 个。2018 年年底，有 298 个村集体经济组织进行了分红或福利分配，占农村社区总数的 49.92%，15 万农民分享了集体经济发展成果，占农民总数的 8.7%，共分配 4492 万元，其中股份分红 421.9 万元，占可分配资金额的 9.39%。农村集体产权制度改革取得了实质性进展，社区股份经济合作社获得突破性成果。

2018 年 8 月，润州区光华社区成立股份经济合作社，成为镇江市区第一家改革试点成功的社区，为全市深化农村集体产权制度改革提供了优秀范例，实现了村民变股民、产权变股权。他们坚持"尊重历史、照顾现实、程序规范、群众认可"的原则，共折股量化集体经营性资产1.4 亿元，认定合作社成员 1911 名，合作社成员认定工作得到 99% 以上居民认可，选举产生股东代表 53 名，合作社章程获全体股东代表一致同意。收益分配兼顾国家、合作社和股东三者关系，坚持"三不变"原则，即社区继续承担辖区范围内社会事业的义务不变；坚持为民服务、精准扶贫，解决失地农民历史遗留问题、关心弱势群体帮扶的力度不变；继续为辖区内居民提供服务功能只增加不减少，职能不变。按照总收入减去社区总支出，提取 40% 的公积金、公益金，剩余利润部分进行分配。

农村社区股份合作社的组建，提高了广大农民的参与意识，激发了农村集体经济组织的主动性、积极性和创造性，强化了集体经济组织服务功能，完善了内部治理结构，有效发挥了盘活集体资产、合理开发集体资源、拓宽发展路径、壮大集体经济、服务集体成员的作用，形成了产权明晰、权责明确、经营高效、管理民主、监督到位的管理体制和运行机制，使农民的财产收益权得到了真正实现，构建了农民增收长效机制，促进了农村社会和谐稳定。

农村社区股份合作社是个新生事物，受历史、现实、发展因素的影响，仍有许多方面需要不断改进。一方面，对尚未组建社区股份合作社的村需加大指导推进力度；对已组建的社区股份合作社，集体资源如何有效开发，集体资产如何持续保值增值，在不同地区其路径有不同的实现形式，要在完善制度、规范运行机制和提质增效上下功夫。另一方面，随着城镇化的推进，需要建立切实可行的集体成员股权退出机制；随着集体经济的增长，资产上十亿、百亿之后，集体成员中懂经营、善管理的人才有限，仅靠村级组织一班人难以有效经营管理，招聘职业经理人成为必然；社区股份合作社成员不同于专业合作社，其股权人人平等，决策权、监督权、执行权如何有效落实，其运行机制值得探索。

高质量发展农民合作社，必须坚持以农民为主体，尊重农民的主体地位和首创精神，鼓励农民自我组织、自我管理、自我监督，把工作的着力点和落脚点放在尊重农民意愿、契合农村实际，把农民群众的获得感作为评价标准；坚持以服务为根本，不断增强服务能力，切实解决成员生产经营面临的困难和问题；坚持以法律为准绳，依法规范合作社的组织和行为，恪守法律底线，树立依法办社理念，维护成员的合法权益；坚持以规范促发展，边发展边规范，因地制宜、因社施策，循序渐进、稳步推进，增强指导工作的针对性、有效性；坚持创新发展，运用市场机制，鼓励先行先试，积极探索，着力在推动合作社发展的关键环节、重点领域取得突破，不断丰富合作内容，创新合作路径，拓宽合作领域，创设扶持政策措施，增强合作社自我发展能力和引领带动活力。

推进农民合作社质量提升，必须切实加强市、辖市区、镇街的指导服务，健全规章制度，完善扶持政策体系，强化示范引领，建立健全准入退出机制，搭建服务平台，推动辖区内合作社由点到面的全面发展、合作社之间的联合发展、合作社与其他新型经营主体间的融合发展，优化要素资源配置，系统、协同提升合作社发展质量，推动合作社做优做强。

（屈振国）

市委主要领导批示：
　　请市农委调研。

2019. 11. 6

从红剑家庭农场看农业的
适度规模经营*

2019 年的水稻市场价格持续低迷，种粮效益如何？要提高种粮效益，农户该如何种、如何销？政府该如何支持农业适度规模经营？针对这些问题，镇江市老区扶贫"三会"联合句容市扶贫"两会"于 2019 年年底对句容市红剑家庭农场进行了调研。

一、红剑家庭农场基本情况

红剑家庭农场位于句容市白兔镇冷甲村，农场主韩正喜，男，58 岁，初中文化，8 年前从句容远东水泥厂退职回乡，每月退休金 2000 多元，现居住地为白兔镇冷甲村中心自然村，家庭总人口 3 人，务农劳动力为夫妻 2 人，儿子在赤山湖管委会上班，未婚。

该农场于 2013 年注册成立，原先经营土地包括自家承包地和从本自然村流转来的土地，约 300 亩，每年有 5 万~6 万元收入。2017 年，白兔镇政府搞村庄整治、建设镇江市国家农业科技园区，韩正喜家及其所在自然村的土地全部被流转了。2017 年至今，红剑农场只能在其他自然村租赁土地，现在耕种 223 亩，以水稻种植为主，兼营养殖业。其中旱地 23 亩，种玉米 10 亩，由于对土质不熟悉，施肥不当，玉米去年棒子大，今年棒子小；种山芋 3 亩，南瓜 10 亩，所有旱地作物全部作为饲料。今年春生猪存栏共 20 头，5 月份卖了 5 头，其余 15 头在下半年全部死亡，亏损严重。另外养鸡 40~50 只，鸭 10 只。承租的水田 200

＊ 本文发表于镇江《创新》第 7 期，以"红剑家庭农场为何难有规模效益"为题发表于《中国老区建设》2020 年第 6 期。

余晖

亩，分布在其他 3 个自然村，远的 2 千米，近的 1 千米，最大的 70~80 亩，也分散在好几处，最小的 20 亩，分散 3 处，种植和管理都不方便。这几个自然村道路基本都是 10 多年前修建的起伏不平的村村通小道，机械下田不便，费时费工。村庄整治和大片苗木种植把原来的农田水系都破坏了，现在灌溉只能利用自然降雨蓄水的小塘小河，用电泵抽水。200 亩水田，考虑到茬口、成本等因素，只能种一季水稻，冬天闲置。

二、2019 年水稻收益分析

说起 2019 年水稻的收成，韩正喜直言："今年收了 20 万斤稻子，可是湿了裤子都没得穿了！""我听见种粮大户在电视上吹牛皮就来气，今年种粮食真是亏大了！"

红剑家庭农场 2019 年种植 100 多亩南粳 5055、50 多亩南粳 1515、7~8 亩黑糯稻、15~16 亩杂交籼稻，亩均产只有 1000 斤左右。

2019 年，稻谷销售去向主要有三个：一是卖给粮贩子 10 多万斤，每 100 斤稻子 85 元；二是自己加工 5 万斤，出米有 7 成，每斤大米售价 2.5 元；三是附近老百姓用作口粮约 4 万斤，一担稻谷 120 元，极少数来买米，每斤米 2.5 元。

按 200 亩土地计算，种植水稻各项现金收入包括：（1）稻谷：粮贩收购 100000 斤×0.85 元/斤＝85000 元、村民购口粮 40000 斤×1.2 元/斤＝48000 元、自己加工大米 35000 斤×2.5 元/斤＝87500 元，共计 220500 元，亩均 1102.5 元；（2）政策补贴：农业支持补助 150 元/亩+机耕种植补助 10 元/亩＝160 元/亩。以上合计亩均收入 1262.5 元。

种植 1 亩水稻的各项生产成本：（1）耕作成本：旋耕 60 元、平田 60 元、插秧 200 元；（2）农资成本：化肥 200 元、农药 80 元、除草 100 元（外包）；（3）灌溉电费 30 元；（4）收割 90 元、烘干 30 元；（5）运费 50 元；（6）管理雇工 2 个，250 元；（7）种子 8 斤×3.5 元/斤＝28 元；（8）土地租金 150 亩按 300 元/亩、50 亩按 250 元/亩，亩均 287.5 元。以上合计亩均成本 1465.5 元。

如果按照这种成本计算，种植 1 亩水稻亏损 203 元。

如果自家农机作业旋耕 60 元、平田 60 元、插秧 200 元、收割 90 元，不算现金支出，冲抵 300 元，现金支付成本为 1165.5 元。种植 1 亩水稻纯效益为 97 元。

韩正喜说，这 97 元不是种粮的效益，是机械带来的收益，一年19400 元。但是如果把机械折旧算进去，他还是亏损。

红剑家庭农场主要农机装备有：大拖 2 台，原价 14 万元，已分别使用 10 年、8 年；收割机 1 台，原价 26.7 万元，已使用 13 年；插秧机 12 台，原价 1 万元，已使用 6 年；植保机械，原价 6000 元，已使用 3 年；平田机械，原价 3000 元，已使用 6 年；电机及水泵 5 台，5000 元，已使用 6 年；仓库 120 平方米，造价 10 万元，已使用 5 年（见表 1）。以上投入经营固定资产投资 53.1 万元。每年固定资产折旧费按 2.5 万元计算，用 200 亩水稻分摊，亩均 125 元。事实上，一年的农机修理费还有 4000 多元，这些都是隐性成本。

表 1 红剑家庭农场固定资产折旧计算表

固定资产	原价款（万元）	自付价款（万元）	规定使用年限（年）	已使用时间（年）	最终残值（万元）	年折旧（万元）
大拖 1	7.00	4.90	15	10	0.10	0.32
大拖 2	7.00	4.90	15	8	0.10	0.32
收割机 1	26.70	18.69	15	13	0.10	1.24
插秧机	1.00	0.70	10	6	0.02	0.07
植保机械	0.60	0.60	8	3	0.01	0.07
平田机械	0.30	0.30	5	6	0.01	0.06
电机及水泵	0.50	0.50	5	6	0.01	0.10
仓库	10.00	10.00	15	5	5.00	0.33
合计	53.10	40.59			5.35	2.51

"200 亩水稻，一年只有 15000 元现金结余，还不算这些固定资产折旧，我夫妻两人要算工资，那是 1 分钱都不赚，不如在苗木基地帮人打工，一年至少三四万元。"韩正喜说。

三、从红剑农场的问题看家庭农场的经营路径

1. 坚持适度规模经营。韩正喜家经营 223 亩土地是否属于适度规

模呢？农业适度规模经营不能硬搬农业农村部100~300亩标准，还应该要考虑到以下条件：一是农机化作业配套水平。韩正喜家有相对配套的农业机械，但缺乏烘干、加工机械，也正因此，他的部分水稻在田头直接卖给了粮贩。事实上，我们也不能苛求一个小型家庭农场种、管、收、烘、加全面配套。二是农业的商品化与市场化程度相匹配条件。红剑家庭农场水稻卖给粮贩的另一原因是自己没有销售渠道，如果按自己的销售能力，其经营100亩水稻为最适规模。三是与家庭农场的技术及管理水平相适应。红剑家庭农场主只有初中文化，对农业技术和农业经营的了解仅从2013年从事农业后参加过几次技术培训和自身积累获得，生产模式仍然粗放，缺乏对新技术转化的能力和市场营销能力，因此想实现种223亩土地的规模效益很难。

2. 树立品牌经营意识。品牌代表着家庭农场的特色，质量是家庭农场的颜值。红剑家庭农场经营至今，没有自己的品牌，更没有无公害、绿色食品、有机食品等"三品"认证，虽然采用的是国标级优质稻米品种，但产品只能以稻谷或加工大米的形式在低端市场低价出售。

3. 确立绿色生产理念。早熟晚粳水稻田冬春季可以种一季绿肥，春夏之交翻耕绿肥还田，持续几年土壤肥力即可显著提升；采用稀植改善田间群体通风透光条件，辅助生物防治，减少使用化肥农药、降本提质增效完全可以实现。但红剑家庭农场水稻收后冬季闲置，1亩水稻施200元化肥、喷80元农药、化学除草100元，折合380元农资，比一般小农户都高。

4. 探索产业融合之路。红剑家庭农场地处句容东部干线东侧，毗邻中心水库，附近有伏热花海景区、江苏茶博园、茅山AAAAA级风景区，周边可谓客源川流不息，人气火爆。如何在"农业+"上做足文章，体现出稻米的生态、文化、体验价值，还大有潜力。如何利用电商平台叫卖"韩姓"大米，值得尝试。

四、对政府支持农业适度规模经营的建议

1. 村庄整治应更加重视保护农业发展。现在许多地方村庄整治动辄一次性拆迁多个自然村，流转出上万亩土地。电力、水利、道路、网络设施毁坏，土地整治后对外招租，想种、能种的只能望"地"兴叹：

人住哪？机械、农资、农产品存放到哪？电在哪？水在哪？劳动力在哪？几年下来，有的地区"看农田一片，杂草丛生，五彩缤纷；望公路两侧，加拿大一枝黄花，分外妖娆"。村庄整治项目启动前，应当重视搞好农业的规划布局与经营单元。

2. 农业特色小镇应更加重视水稻生产布局。很多镇、街道、园区都在搞农业特色小镇建设，如森林文化小镇、鲜果小镇、葡萄小镇、绿波草毯小镇，在规划产业布局时，将水稻当作局外作物忽略不计，这不符合镇江丘陵地区农业分层布局的科学规律，把水稻仅作为粮食作物、低效作物来对待，极大地忽视了水稻的生态功能、景观功能和农耕文化的传承功能。应坚持宜林则林、宜果则果、宜草则草、宜稻则稻，山—岗—坡—冲合理布局，塑造美丽田园。

3. 乡村振兴应更加重视家庭农场的基础设施建设。大多数村民进集镇落户以后，土地流转给了种植能手，但农村道路建设、农田水利建设、高标准农田建设、丘陵山区土地治理项目等似乎都将这些保留下来的未整治自然村边缘化了。针对农业基础设施建设和农村公共设施建设，政府应当坚持"以人民为中心"的理念，帮助建好管好用好，不能因为土地给大户经营了就放任不管。

4. 适度规模经营应更加重视惠农政策落实。国家农业补贴政策主要包括耕地质量保护补贴、耕地轮作休耕补贴、农业机械购置补贴、农产品质量品牌补贴、动植物疫病防治补贴等。从调研的情况看，家庭农场主并不知晓。有的地方为图省事减少矛盾，将补贴给受让方（实际种植户）的资金违规补给了土地出让方（原土地承包户）。有的地方对土地休耕轮作不做宣传，农场主误认为抛荒就是休耕，坐等上面补贴。政府要坚持谁种就补贴谁的原则。

5. 粮食安全应更加重视藏粮于地与藏粮于技。农业适度规模经营不能成为粗放经营的代名词，不能以牺牲粮食产量为代价。要把集中连片的基本农田建设成为高标准农田，实行集约经营；不能把抛荒、冬闲简单理解为休耕、轮作，要重视豆科绿肥作物种植，培肥地力；不能只求种了、不求种好，要注重新品种、新技术、新模式在规模种植中的应用，特别是要重视对种粮大户、家庭农场主的技术培训。要把农业适度规模经营作为粮食安全的基础防线和压舱石。

余晖

6. 发展现代农业应更加重视培育高素质职业农民。"懂技术、会经营、善管理"是习近平总书记对新时期职业农民提出的能力要求。培养高素质职业农民不仅表现在培养种养能手上，更要培育一批技术高手、营销行家、管理能人。一批高素质职业农民，能带动一个特色产业，搞活一方农村经济，助推现代农业发展。

（屈振国　王友成）

市委主要领导批示：

此调研报告切口虽小，但分析很到位，相关建议值得重视。

请转农业局阅研。

2020. 3. 27

传承

红色基因

铭记历史　推进爱国主义基地建设

　　许杏虎、朱颖烈士生前是《光明日报》常驻南斯拉夫（即南斯拉夫联盟共和国，也可简称为"南联盟"）记者，在 1999 年 5 月 8 日美国轰炸中国驻南联盟大使馆中壮烈牺牲，如今已长眠故乡 22 年。

　　让我们把历史的记忆推回到 1999 年。在美国轰炸中国驻南联盟大使馆后，潘占林大使愤怒地指出："这是对中华人民共和国的攻击。" 5 月 8 日上午，中国政府就中国驻南联盟大使馆遭北约轰炸一事发表严正声明："北约的这一行径是对中国主权的粗暴侵犯，也是对维也纳外交关系公约和国际关系基本准则的肆意践踏，这在外交史上是罕见的。中国政府和人民对这一野蛮暴行表示极大愤慨和严厉谴责，并提出最强烈的抗议。" 人们走上街头，抗议北约轰炸中国驻南联盟大使馆，悼念在轰炸中牺牲的邵云环、许杏虎、朱颖三位烈士，形成了抗议以美国为首的北约暴行的强大政治声势。

　　1999 年 5 月 12 日上午，邵云环、许杏虎、朱颖的骨灰由专机接运回到北京。前往机场迎接的中央领导同志有胡锦涛、丁关根、张万年等。中央、国家机关有关部门、人民团体的负责同志，北京市的负责同志，各民主党派、全国工商联的负责同志等也到机场迎接。

　　12 日，北京天安门、新华门、人民大会堂、外交部和各省、自治区、直辖市人民政府所在地，香港特别行政区政府所在地，新华社澳门分社降半旗志哀。美国、法国、德国、意大利、埃及等国家的驻华使馆也降半旗志哀。这是中华人民共和国破例以降半旗这一最庄重、最高的哀悼规格悼念死难的普通公民——邵云环、许杏虎、朱颖。三人也因此成为中华人民共和国历史上第一批受到国葬礼遇的普通公民。

　　许杏虎，男，1968 年 3 月 26 日出生于江苏省丹阳市河阳镇高甸村后北洛自然村，中共党员。1986 年 7 月考入北京外国语大学东欧语系塞尔维亚语专业，毕业后在《光明日报》国际部工作。1998 年 7 月受报社委派携妻子朱颖（《光明日报》记者）赴南联盟工作。自北约轰炸南联盟以来，许杏虎就全身心地投入战地采访和报道工作中，经常前往北约轰炸最为集中的地区采访，客观报道了南斯拉夫平民被炸、人民上街反抗美国侵略的新闻，在道义上支持南斯拉夫。许杏虎殉职时年仅 31 岁，朱颖仅 28 岁。中宣部、人事部授予许杏虎烈士夫妇"人民的好记者"光荣称号，南联盟总统米洛舍维奇授予许杏虎烈士夫妇"南斯拉夫之星勋章"。为纪念两位革命烈士，丹阳市委、市政府将高甸村改名为杏虎村。

许杏虎、朱颖烈士为反对美国侵略、捍卫人类正义、保卫世界和平而献身，他们的牺牲是美国侵犯中国主权的"铁证"，是美国霸权主义的鲜活"样本"，印记了中美关系发展的曲直多变。后人应当永远牢记这段历史，铭记两位英雄，高高举起烈士鲜血染红的爱国主义旗帜，为实现中华民族伟大复兴的中国梦继往开来。

为纪念烈士、颂扬英雄、保护"铁证"、教育后人，在各级领导和社会各界关心支持下，丹阳市委、市政府决定建造许杏虎烈士纪念馆。

许杏虎烈士纪念馆位于江苏省丹阳市河阳镇高甸村（现杏虎村）后北洛自然村，建造于烈士牺牲当年，占地面积 6000 平方米。纪念馆由烈士生平事迹展示馆、烈士故居、纪念碑、烈士夫妇合葬墓、广场和绿化组成。展馆内矗立着许杏虎烈士夫妇的雕像，陈设了他们的生平事迹、生前遗物和牺牲后的宣传报道等。烈士故居在纪念馆西侧，门口有纪念馆石碑，石碑上记述了许杏虎烈士的一生。烈士夫妇合葬墓在展馆大门正前方，为水泥建造的普通坟墓，广场为水泥地面，绿化在纪念馆东西两侧。

许杏虎烈士纪念馆现为镇江市红色阵地联盟成员单位，镇江市和丹阳市爱国主义教育基地，也是丹阳市"红色之旅"传统教育指定参观点。建馆 21 年来，接待了中央有关部门领导、光明日报社，以及北京、上海、河北、福建等地学习参观团，每年省内外机关、学校、企事业单位等各界有近万人前来祭扫、参观、宣誓等。江苏省、镇江市、丹阳市各届领导均参观过纪念馆，《光明日报》《新华日报》《镇江日报》《丹阳日报》等多家媒体多次报道过纪念馆。许杏虎烈士纪念馆已经成为宣传烈士事迹、弘扬烈士精神、传承爱国基因的重要载体，奠定了它在爱国主义教育中的重要地位，更以历史"铁证"让国人看清美国霸权主义真面目。

21年过去了，许杏虎烈士纪念馆建设因当年仓促施工，此后又未修缮，现在已满目疮痍：建筑外墙已显破旧，周边绿化杂乱；室内面积偏小，设施陈旧；展示资料少、形式单一，不具互动性，吸引力差，对烈士事迹与精神挖掘不够；馆前广场水泥路面破损，无停车场；纪念馆紧邻许杏虎故居，南侧为民居，通往村外的道路曲而窄，交通不便。加之前些年过多考虑改善中美关系，对纪念馆保护、宣传得不够，从而导致近年来参观人数不断减少，使纪念馆的知名度和影响力下降。

修缮保护好许杏虎烈士纪念馆对激发全民爱党爱国情怀有着重要的历史和现实意义。美国一直亡我之心不死，过去的表面"友好"深藏着险恶用心，如今伪装撕去，变本加厉遏制我国发展，霸权主义面目充分暴露。在这样的中美关系背景下，保护好美国轰炸中国驻南联盟大使馆的"铁证"更加重要，更为迫切，我们高高举起爱国主义旗帜，让这一历史"铁证"教育人民，凝聚民心，增强自信，在党的领导下众志成城挫败美国对我国全方面的攻击，建设强大祖国，为实现中华民族伟大复兴的中国梦提供思想武器、精神动力。

地方党委、政府和社会各界十分重视和关心修缮改造纪念馆。近年来社会各界人士多次向有关方面建议修缮保护好纪念馆，一些参加过抗美援朝的老战士看到纪念馆目前的样子，感慨良多。他们说，美国妄想凭借武力称霸世界，当年为了保家卫国我们抗美援朝，现在纪念烈士就是要让后人不忘历史、不忘国耻，许杏虎烈士纪念馆是很好的爱国主义资源，要维修好、保护好。丹阳市人大代表、政协委员曾多次提出建议和议案，要求修缮和翻建许杏虎烈士纪念馆。改扩建纪念馆已引起了地方党委、政府的高度重视和关注。

综合各种因素，我们认为纪念馆在原址改扩建为宜。总体思路是通过改建提升纪念馆整体形象，扩大纪念馆的社会影响，方便社会各界参观祭奠，打造具有全国重要影响力的爱国主义教育基地。主要改建项目是：建筑主体——展示馆翻新扩建，适当增加展馆面积；新建必要附属用房，用于接待、召开小型会议和活动等；改造烈士墓及设施；改造馆前广场；整修周边绿化；建设停车场及进出道路；收集烈士及与之相关的实物、影视等资料，丰富展示内容；引进信息化展示设备，拓展展示方式，提升展示效果。

经测算，改造项目概算为：展示馆 276 万元，附属用房 33 万元，烈士墓 45 万元，广场 30 万元，绿化 20 万元，停车场及道路建设 10 万元，信息化设施 80 万元等，总计 494 万元。

我们的建议是：市、县、乡地方政府财政安排一部分；向社会募集一部分；争取外交部、光明日报社支持一部分；请省老区开发促进会帮助争取省相关部门的支持；道路建设争取市、县交通部门支持。

在纪念馆改造经费有基本着落的情况下，由丹阳市委、市政府落实相关单位向社会公开招标建设，坚持质量标准，打造优质工程，力争在许杏虎烈士逝世 23 周年前完工，以崭新的面貌向社会开放，接待社会各界人士，让爱国主义精神代代相传、爱国主义旗帜永远飘扬！

（龚国祥　何书金）

市政府分管领导批示：

请文体广旅局、司徒镇会商，并研究拿出具体方案。

2021. 7. 14

为红色基因继薪火　为中华复兴献忠诚

——镇江市老促会编纂革命老区发展史的原则与经验

为贯彻落实习近平总书记关于"发扬红色资源优势，深入进行党史、军史、老区革命史优良传统教育，把红色基因代代相传"的指示精神，2017年，中国老区建设促进会发布《关于编纂全国1599个革命老区县发展史的安排意见》，自此镇江市老促会开始尽心编纂革命老区发展史。

此次编纂的革命老区发展史，是镇江市老促会成立近30年以来第一次编纂的鸿篇巨制。镇江市各地区均属革命老区，丹阳、句容、扬中、丹徒区老促会承担了"镇江市革命老区发展史"丛书的编纂任务。

三年多来，镇江市老促会系统在各级党委政府的领导和有关部门的支持下，组织工作班子，明确工作目标，制订周密计划，深入调查研究，广泛收集资料，于2020年6月全部如期编纂完成全市105万字的"镇江市革命老区发展史"丛书，并正式出版发行。

镇江市老促会编史工作多次受到中国老促会、省老促会表彰：

一是在2020年9月召开的全省史书编纂工作会议上，丹阳市老促会、句容市老促会、扬中市老促会和丹徒区老促会受到省老促会的表彰，丹阳市、扬中市老促进会史书获优胜奖，句容市老促会、丹徒区老促会获特等奖，镇江市老促会获组织奖。

二是2021年6月20日中国老促会在北京召开的全国革命老区史总结大会上，中国人民政治协商会议全国委员会、中国共产党中央委员会宣传部、中华人民共和国国家发展和改革委员会、国家乡村振兴局等30多个中央部门的领导参加了会议，由镇江市句容、丹阳、扬中、丹徒四个辖市区老促会编纂的四本史书，参加了大会书展，受到全国老促会表彰，镇江市老促会获全国优秀组织工作奖，"镇江市革命老区发展史"丛书被国家图书馆永久收藏；丹徒、句容革命老区发展史在全国编史工作会上作为样本向全国推介，被推荐参加全国"五个一"工程奖评比。

三是编史工作受到各级领导的充分肯定和赞扬。中国老促会会长王健说："用老区精神编纂革命老区发展史是镇江的特色，应在全国编史工作中向全国推广，"又说"这是我们平凡人做了一件不平凡的事，我向辛勤奋战在一线的同志们表示真诚的问候，向所有参与和支持帮助丛书编纂工作的同志们致以崇高的敬意"！2020年6月12日，镇江市委常委会听取了市扶贫"三会"工作汇报，市委书记马明龙高度称赞此次编史工作，"老促会做了一件了不起的事情！"

在调查和编纂革命老区发展史的过程中，我们坚持如下原则：

一、传承红色基因，以强烈的政治责任感做好编史工作

1. 提升政治站位。镇江市革命老区发展史，是一部老区革命、建设、改革的发展史谱，更是一部老区人民不懈奋斗的史诗，记录了老区人民百年奋斗的历史，记录了老区人民在党的领导下，几十年的革命斗争史、艰苦奋斗的创业史、建设发展的（特别是党的十八大以来）辉煌成就史。编纂老区发展史，充分肯定和阐述了老区对中国革命和建设做出的伟大贡献，充分肯定和展现了老区人民在几十年奋斗中取得的伟大成就，充分肯定和认识了老区精神的时代价值和重要作用，是继承并发扬革命文化，不忘初心，牢记使命，传承红色基因的实际行动，功在当代，利在千秋！我们可以以此宣传和统一思想，在全市上下切实增强政治责任感和历史使命感，以满腔的革命热情投身到这项工作中去。

2. 争取领导支持。争取各级党委和政府有关部门支持是编史工作的关键。为此，市老促会多次向市委、市政府分管领导汇报，获取支持。在此基础上，镇江市各辖市区都成立了党政领导参加的编纂工作委员会，镇江市成立了以市委副书记倪斌、副市长曹丽虹同志为编委会主任的领导班子，组成了分别由市委、市政府分管秘书长及史志办、文广旅局、档案局、统计局、农委、财政局、新四军研究会等部门领导参加的领导小组。镇江各辖市区都按照此模式，成立领导小组，明确工作班子，落实专门编写工作人员，制订工作计划，明确责任，分工到人，从

而有效地确保了编史工作的有序推进。

3. 落实保障措施。将编史工作作为老促会当前和未来工作的重点，主要领导须实时把控编史工作的情况，积极帮助各辖市区落实好编写资金、办公用房、编写人员，建立定期交流制度，对于工作中遇到的问题，及时沟通交流，对把握不准的问题，能及时向上级部门汇报，取得有效反馈，确保编史工作有序推进。

二、提升编纂水平，切实保证编史工作质量

编史是一项重大的政治任务，必须将编史质量放在首位。坚持从内容到形式，从纲目到具体内容，从版面设计到印刷装帧等各个环节都必须体现出政治思想和文化底蕴，编纂出标准高、质量好、能经得起历史检验的老区发展史。

首先，保证编纂质量。编纂工作中，坚持做到"五要"：一要确保真实性。记述的史实必须是真实的，要把老区发展史写成一部信史，这样才能流传下去，才是对历史负责，对社会负责，对人民负责。二要实现准确性。坚持实事求是原则，包括对历史的记述要准确；对历史和人物的评价要客观公正；用词要准确、恰当、规范；引用的数据要准确。三要呈现系统性。发展史对历史的记述必须是系统的、联系的、有序的、前后衔接的，而不是零碎的、断续的、混乱的、前后脱节的。各地区按照要求制订了详细的纲目，并反复推敲，使之更系统、更完善。在编纂发展史工作中坚持做到内容不脱节，区域不遗漏。在具体操作过程中，坚持从实际出发，将中国老促会要求的 6 个县（市）区中的京口、润州区划并到丹徒区编纂，不单独成篇；对没有编写任务的大港新区，也一并划入丹徒区编纂。四要达成规范性。做到行文规范，格式规范。用词力求准确生动，将历史脉络梳理清楚，做到思想、叙事、文采的统一。五要形成特色。在符合规范要求的前提下，突出特色和亮点，编纂特色鲜明、可读性强的发展史。

其次，建好工作机制。坚持规划先行，协同联动。明确指导思想、目标任务、进度安排，并制定出切实可行的工作计划，各有关部门协调联动，按时间节点落实各项任务。实行分工责任制。聘请热爱老区、熟悉党史和本地情况，有一定编辑出版经验和文字写作能力的同志担任主

编（或主笔）。充分调动有关部门的积极性，句容市为编写改革开放老区发展变化部分，将全市有关部门召集起来，按编史要求分成60个专题，分别组织材料，动员相关部门参与编史，既保证了材料的可靠性，又扩大了编史材料的覆盖面和完整性。在编写过程中，实行分工责任制，明确工作职责和完成时限，强化责任落实。在全市范围内建立编史工作研究交流制度，一方面以市为单位，组织辖市区定期交流编史进展情况，研究并商讨解决编纂工作中的问题，交流工作经验和有效的解决方法。与此同时，通过走出去、请进来等方法，向先进单位、先进地区学习，我们先后组织了负责编纂工作的成员到南通市、常州市等地取经学习，为工作顺利开展提供了经验。积极开展"兵教兵"活动，组织大家先走一步、去向有经验的县市学习，推动自己的工作，这种做法更有效。镇江市老促会还聘请专家指导督查，组成专家团，介入编史工作的指导与把关。省老促会在全省推广了镇江市老促会成立专家组的做法。

最后，强化组织协调。市县两级老促会要积极做好服务跟进，对有难度的编纂工作，老促会的主要负责同志要主动关心，亲自出面向当地党委、政府沟通联络、宣传动员、寻求支持，以帮助解决编纂工作中遇到的困难。镇江市老促会每两月召开一次座谈会，进行编史工作交流，以组织协调和加快全市的编纂工作。镇江市老促会提前与有关出版社联系，争取尽早将老区发展史的出版纳入出版社的工作计划。我们还重视对疑难问题的答疑解惑，同时组织督导检查，保证工作的顺利进行，保证编纂工作的高质量开展。

三、坚持不忘初心，用老区精神编纂革命老区史

105万字的"镇江市革命老区发展史"丛书，记录的是老促会工作的累累硕果，是厚重的历史传承，更是丰富的精神遗产，令人振奋、使人鼓舞。镇江市革命老区发展史成绩的取得，离不开市委、市政府的高度重视，离不开全市各级老促会的亲力亲为，更离不开编纂团队的辛勤付出，革命老区史的时间跨度大，牵涉事件多，时间紧，任务重，难度大，四地区老促会编写人员为此倾注了充足的工作热情。例如，句容市编史工作起步比较晚，他们采取集中办公方式，统一工作时间，统一工作要求，全体人员起早贪黑、加班加点全身心地投入工作，他们编写的

余晖

《句容市革命老区发展史》得到省老促会领导的多次肯定，被誉为江苏编史工作的"三面红旗"之一。丹徒区老促会原副会长朱罗根是丹徒区编写组的主笔，丹徒区老区史的编写工作包含着京口、润州、镇江新区、高新区的史料，情况复杂。2019 年朱罗根已经 75 岁了，他主动承担了 30 万字史书 80% 的编写和统稿任务。他白天跑部门、下乡村收集资料，晚上伏案整理、爬格编写，由于不擅长电脑打字，他就发动家人帮忙，儿媳妇打字，儿子校对，老伴做后勤，演绎了一幕全家齐上阵、共编老区史的故事。朱罗根的事迹被全省、全国传颂，省编史工作会议多次对他进行了表彰和肯定。

四、回顾奋斗历程，记录好老区砥砺奋进的生动实践

镇江市有 65 个乡镇（占当时乡镇数 81%，农村人口占 85%，种地面积占 96%）的地域为革命老区。战争年代，镇江市老区人民在中国共产党领导下，涌现出许许多多奋斗不息、可歌可泣的英雄人物和英勇事迹，这是极其珍贵的红色文化遗产。

新中国成立后，老区人民始终高举党的旗帜，团结奋斗，取得了令老区人民自豪、让世人刮目相看的成就。改革开放 40 多年来，特别是党的十八大以来，在中华民族"强起来"的新征程中，在镇江市委、市政府带领下，老区人民披荆斩棘，砥砺奋进，实施扶贫"双达标""达新标"工程，2020 年，全市 204 个经济薄弱村和 2.1 万余名建档立卡低收入户全部脱贫，老区基础设施提质升级，特色优势产业发展壮大，老区人民幸福指数大幅提升。

镇江市老促会成立于 1993 年，是全省较早成立的老促会组织之一，近 30 年来，镇江市老促会始终牢记全心全意为老区人民服务的立会宗旨，为老区人民办了大量的好事，得到了市委、市政府的充分肯定，受到了老区人民的热情赞誉。市、县、镇、村四级老促会组织健全，全市会员达 6000 多人。镇江市老促会原副理事长赵亚夫作为老促会代表荣获全国脱贫攻坚先进个人。

通过编纂革命老区史，回顾老区人民的奋斗历程，感受老区的辉煌成就，我们更加坚信并拥护中国共产党的英明领导，更加弘扬老区精神，更加奋力谱写老区辉煌灿烂的明天的新华章。

古有贤人志士"为天地立心，为生民立命，为往圣继绝学，为万世开太平"。今有镇江市老促会人为党立心、为老区立命、为红色基因继薪火、为中华复兴献忠诚。"镇江市革命老区发展史"丛书记录了老区人民从站起来到富起来、强起来的奋斗历程，实践证明，老区人民是中华民族复兴伟业的开创者、建设者、见证者。

习近平总书记指出："要深入开展党史、新中国史、改革开放史、社会主义发展史教育。""要讲好党的故事、革命的故事、根据地的故事、英雄和烈士的故事，加强革命传统教育，爱国主义教育，青少年思想道德教育，把红色基因传承好，确保红色江山永不变色。"老区精神是我们战胜敌人、攻坚克难、从胜利走向胜利的旗帜，新形势下更需要用老区精神凝聚亿万人民的意志和力量。

编纂全国革命老区发展史，是贯彻落实习近平总书记指示要求、发扬革命传统、传承红色基因的重大工程。我们不仅要写好"史"，更要用好"史"，努力让"镇江市革命老区发展史"丛书活起来、传开来。不仅要在丛书编纂工作方面推进快、抓得实、见成效，还要在充分发挥丛书教育传承方面开展重点工作，取得成效，主要需在以下三方面下功夫：

一是大力宣传革命老区精神。边编史边宣传。为庆祝新中国成立70周年，老促会的同志们冒着高温酷暑，深入乡镇村、工厂企业，用三个月的时间拍摄了2000多张反映老区改革发展的照片，编辑成"百年历史，百幅画卷"，于2019年9月以摄影展形式在全市范围内广泛展出宣传，摄影展进机关、进社区、进学校、进农村、进军营、进基层，深受欢迎，市委、市政府领导参加宣传启动仪式，全市有10多万人观看了展览，在全市引起了巨大反响。

老区发展史编纂完成后，镇江市各地都制订了学习宣传实施方案，全市举行了隆重的发行仪式，2021年4月27日还进行了全市编史表彰及赠书活动。各辖市区都组织了革命老区史进学校、进机关、进企业、进社区赠书活动，并与当前开展的党史学习教育结合起来，积极开展读革命老区发展史、讲老区革命和发展故事、谈学习心得体会等活动。

二是编辑好老区革命故事。镇江市老促会将革命老区史中抗敌斗争故事编成《茅山英雄谱》，整理编辑了茅山老区60个革命斗争故事，把老区精神以生动的革命斗争故事形式传播到千家万户，不断扩大老区精神影响力；尤其坚持革命传统教育从娃娃抓起，推动红色故事进校园、进课堂、进教材，把红色基因根植于青少年学生心中，形成全社会敬仰老区、尊崇英雄的氛围；还通过开展影视展播、书画展览、征文比赛、文艺演出等红色文化系列活动，让红色基因在春风化雨、润物无声中滋养人们的心田，融入大众的血脉。

传承红色基因，使命千钧。我们将不忘初心、牢记使命，开拓进取、砥砺前行，当好老区精神的忠实守护者、坚定传承者和模范践行者，践行老区精神，推进老区振兴，为老区的美好明天做出新的贡献！

（滕玉林）

关于开展全市红色资源
调研普查的建议

为认真学习贯彻习近平总书记关于"把红色资源利用好、把红色文化传统发扬好、把红色基因传承好"的重要指示和《关于加强革命历史类纪念设施、遗址和爱国主义教育示范基地工作的意见》《关于新时代支持革命老区振兴发展的意见》精神，按照江苏省老促会的统一部署，结合庆祝中国共产党成立100周年和开展党史学习教育，全面挖掘、整理和保护利用红色资源，进一步弘扬革命精神、传承红色基因，建议在全市范围内开展红色资源调研普查工作。就做好此次调研普查工作我们进行了深入调研，提出如下意见。

一、进一步明确调研普查的目的和意义

红色资源是中国共产党领导人民进行革命和建设的辉煌记录，是中华民族历史文明传承的重要载体，它所承载的历史，是中国近现代史的核心内容，是中华文明史中最光彩照人的篇章。革命老区的光辉历史和优良传统不仅为中国共产党人红色基因和精神谱系提供了丰富内容，而且为新时期加强党的建设提供了丰富的实践课堂。镇江是重要的革命老区，在长期革命和建设事业中付出了巨大的牺牲，做出了极大的贡献，取得了辉煌成就，创造并形成了丰富的红色资源。在当前全党开展党史学习教育背景下，做好全市红色资源调研普查工作，有利于进一步摸清全市红色资源底数，丰富馆存党史史料，推进红色资源保护利用，进一步弘扬革命精神、传承红色基因，推动镇江党史学习教育深入发展，以实际行动汇聚起建设"强富美高"新镇江、谱写"镇江很有前途"新篇章的磅礴精神力量。

余辉

红色资源调研普查这项工作十分重要，应列入老促会系统工作的重中之重，老促会要精心组织，全力投入，高质量、高水平完成普查任务。

二、明确调研普查的范围和内容

（一）普查的范围

本次调研普查的范围为全市区域内自新民主主义革命（1919年）至改革开放前（1978年）创造和完成的红色资源。

（二）普查的项目和具体内容

1. 革命领导人（将帅）故里。主要是革命领导人（将帅）祖籍地或出生成长的地方，其核心资源包括故居、墓地/陵园、生产生活活动遗址、遗迹和曾使用过的物品及非物质文化资源。

2. 革命历史事件和活动遗址、遗迹。发生在本区域的重点革命历史事件、重要机构及活动发生地的遗址、遗迹等，主要包括重大历史事件发生地、活动旧址及遗留下来的物质和非物质遗产、建筑和历史文物等。

3. 墓碑（群）/烈士陵园。主要指为了纪念革命烈士（战士）而修建的墓碑（群）、烈士陵园等。其主要功用是缅怀革命烈士，学习革命精神。

4. 综合性的革命历史纪念馆。是指后人为纪念这段历史，在本身拥有一定红色旅游资源的前提下建造的综合性历史纪念馆和其他标志性建筑物，主要包括纪念碑、博物馆、纪念馆及收藏的物品等。

5. 革命历史非物质文化遗产。主要指在这段历史中遗留下来的革命故事、革命传说、革命文艺、革命精神、革命道德传统等。

7. 以烈士命名的乡镇、村的情况等。

调研普查的同时摄制和收集场景、环境及代表红色资源特色的影像等相关资料。此外，一些被损坏或遗失的不复存在的重大遗址遗迹、文物、纪念设施等红色资源也在普查之列，要介绍基本情况，调查遗失、损毁原因等。

三、落实好调研普查的组织机构及职责

1. 设立联合指导组。成立镇江市红色资源调研普查工作联合指导组，负责全市调研普查工作的指导、督促和红色资源的审核确认，以及有关联络协调工作，市本级完成一篇红色资源调查报告。镇江市老促会会长宦祥宝任组长，市委副秘书长刘璇任副组长，市委宣传部、市民政局、市财政局、市文广旅局、市退役军人事务局、市史志办、市档案馆、市老促会等单位为成员。市联合指导组下设办公室，办公地点设在市老促会。

2. 各辖市区成立领导机构。领导机构负责本区域范围内红色资源调研普查工作，具体包括：① 组织实施调研普查，填制普查登记表（见附件1、附件2）；② 汇总本级红色资源调研普查结果，编制本级红色资源台账；③ 编辑出版一本图文并茂的本区域红色资源史料文献，与革命老区发展史一起，作为学习党史的重要教材；④ 完成一篇本区域范围内红色资源调查报告，并提出加强保护和维护、宣传、利用的意见及建议，报同级党委政府，并报省、市老促会。

四、明确调研普查的时间安排及实施步骤

红色资源调研普查工作从现在开始至2022年年底前完成，用一年半时间，以辖市区为单位，开展一次全域范围的革命老区红色资源普查。普查工作分四个阶段：

第一阶段（2021年7月—8月）：组织建设，学习动员；

第二阶段（2021年9月—2022年3月）：资料收集，整理汇总；

第三阶段（2022年3月—6月）：资料审核，完善确认；

第四阶段（2022年6月—10月）：汇编成册，向上报送。

五、落实好调研普查工作的要求

各地需根据总体要求和本地实际，实行归口牵头、分级负责、条块结合、联合会审的办法。爱国主义教育基地类由宣传部门牵头；革命历史非物质文化资料、文物和红色旅游景区景点类由文旅部门牵头；革命领导人（将帅）故居、陵园、纪念碑、纪念馆和以烈士命名的镇村类由

退役军人事务部门牵头；重大历史事件、遗址遗迹类由史志部门牵头；档案类由档案部门牵头。

在普查工作中，一是按照部门职能归口收集整理现有资料，经联合会审后，按要求进行补充完善。二是对于新增和潜在的资源进行深入调研，广泛征集相关史料，特别是对社会上散存的革命文物和文献史料、口述资料、革命故事等加强征集研究。三是加强与周边地区相关部门沟通交流，互补和共享红色资源史料。四是为保证普查资料、信息等普查成果的真实、完整和科学，调查中必须采取实地调查与档案资料、图书资料、报刊资料、口述资料等互证的办法，对每处红色资源的有关信息严格核实，力求准确无误，确保普查资料、信息登记、汇总等各个环节有依有据。五是在收集整理的基础上要注重对红色资源的研究阐释，深入挖掘思想内涵和时代价值，开展多形式的宣传，做好调研普查成果的拓展应用。

六、做好调研普查成果的保存和利用

通过全面调研普查，摸清全市红色资源底数。一是进行分类造册，分级分类建立一套台账。二是汇编一套红色资源普查成果丛书，以图文并茂的形式，介绍每一处红色资源的来龙去脉、地位贡献、革命精神、革命故事和时代价值等。三是对新征集到的文物、史料，按归口收藏。

七、落实调研普查工作的经费

红色资源调研普查工作涉及面广、时间跨度大、情况复杂，工作普查、现场勘核、走访征集、史料审定、造册编印等需要一定的经费保障。按照各自负担的原则，由市本级、辖市区各级财政给予必要的专项资金支持。

附件 1

镇江市红色资源调研普查登记表

_____县（市）区

名称		
地址		
规模	建筑物风格：	建筑占地面积： 平方米
	保护范围面积： 平方米	
形成时间		
类别	□革命领导人故居 □重要历史事件及人物活动纪念地 □重要历史事件和重要机构旧址 □烈士纪念碑、陵园、墓 □纪念塔、纪念馆 □革命领导人用过的物品 □文物 □非物质文化资料 □档案 □其他	

保护利用管理情况	利用时间			
	保护级别	文物保护单位：□国家级　□省级　□市级 　　　　　　　□县级　□未定 文物、非物质文化：□国家级　□省级　□市级 　　　　　　　□县级　□未定		
	利用级别	爱国主义教育基地：□国家级　□省级　□市级 　　　　　　　□县级　□未定 红色旅游景区景点：□AAAAA级　□AAAA级 　　　　　　　□AAA级　□AA级		
	管理情况	使用单位： 隶属部门： 管理状况：□很好　□一般　□较差　□未管		
	用途	□开放参观　□办公场所　□宗教活动 □军事设施式　□农业生产　□商业 □居住场所　□教育场所　□无人使用 □其他用途		

余晖

收藏陈列 物品档案	数量	
	说明	
历史由来及 内容简介		
保存状况	保存时限	□长期　　　□永久　　　□其他
	现状评估	□好　　　□较好　　　□一般　　　□较差　　　□差
	现状描述	
遗失损毁 原因	自然因素	□地震　　　□水灾　　　□火灾　　　□风灾 □腐蚀　　　□生物因素　　　□其他自然灾害
	人为因素	□战争动乱　　　□生产生活活动　　　□盗掘盗窃 □违规发掘修缮　　　□失修失管　　　□其他人为因素
	遗失损毁 原因描述	
影像资料		粘贴处
	说明	
调研普查组 建议		

填表人：　　　　　　　　填表日期：

填表说明

1. 每一项红色资源填写一份登记表。

2. 名称、地址按全称规范表述填写，不得使用简称。

3. 有关数据内容全部使用阿拉伯数字填写。

4. 带有"□"的按对应项在其内打√；如有不能对应的可另行表述。

5. 建筑占地面积：指建筑物和构筑物基础范围内面积的总和；保护范围面积：指各级文物单位或管理单位已划定的保护范围面积。

6. 形成时间：遗址遗迹和非物质文化最初形成时间；纪念设施是指建成日期。

7. 利用时间：指红色资源由管理使用单位正式对外观展查阅应用的时间。

8. 保护利用管理情况属个人的，在管理情况栏使用单位填写个人姓名；隶属部门：指使用单位的上级主管部门名称，没有的不填写；用途：可复选，为其他用途项的可具体说明。

9. 收藏、陈列物品和档案栏中数量：指收藏、陈列物品的总数，按重要程度或级别分别填写；档案的卷数（或件数）；说明：指对收藏、陈列、档案的重要历史价值、重要性及原件或复制件情况进行说明。

10. 历史由来及内容简介：指对红色资源的由来、主要内涵、地位作用、时代价值进行概括介绍。对重要的红色资源应另行较全面了解和描述，这是编辑《红色资源纵览》的主体内容。

11. 保存状况描述：指对该项红色资源的完整情况、稳定情况、传承情况的概括性描述。

12. 遗失、损毁原因描述：指对该项红色资源损失、损毁原因的概括说明。

13. 影像资料：指与该项红色资源有相关的图片，一般选择1~3张代表性强的照片粘贴在本表中，必要时可另附；说明：指图片的来源、资源的部位、图片上的人物，以及拍摄时间和拍摄者。

14. 调研普查组建议：指对资源的保护、利用和管理等提出建议。

15. 凡表中没有设栏而调研普查者认为其他需要说明的问题，可另附表述。

（滕玉林　魏芳琴）

市委主要领导批示：

很好，积极创造条件，做好普查工作。边普查，边利用，边宣传，边修缮。

2021. 8. 12

保护红色资源　赓续红色血脉

——镇江市红色资源调研普查工作情况报告

　　红色资源记载着中国共产党的光荣历史，见证着中国共产党从孕育到壮大的历史过程。为了贯彻落实习近平总书记关于"把红色资源利用好、把红色文化传统发扬好、把红色基因传承好"的指示，我们依据江苏省老促会《关于在全省开展红色资源调研普查工作的通知》要求和市委、市政府的部署，从2021年7月起，利用近两年时间，在全市开展了红色资源调研普查工作。到2022年6月止，已全面完成了调研普查的各项工作任务。

一、镇江市红色资源调研普查工作的主要做法

　　1. 领导高度重视。加强领导，统筹做好普查工作，形成了强大的工作合力。一是接《开展红色资源调研普查工作的通知》（苏老促〔2021〕3号）后，我们立即向市委作了专题汇报，市委书记马明龙批示："（红色资源普查）很好，积极创造条件，做好普查工作，做到边普查、边利用、边宣传、边修缮。"市委副书记巩海滨专门听取了汇报，并提出明确指导意见，决定由市老促会和市史志办两部门全力配合，深入推进全市红色资源调研普查工作，要求各市区在经费保障、工作协调、人员配备等方面给予大力支持。二是各市（区）政府对红色资源调研普查工作下拨了专项工作经费，各镇（街道、园区）和市相关单位给予必要的专项资金支持。三是市（县）分别成立了红色资源调研普查工作领导小组和办公室，市老促会会长宦祥宝任领导小组组长。四是出台下发了《镇江市红色资源调研普查实施方案》。五是召开了全市动员大会。市领导小组还多次召开工作会议，调查情况，解决问题，促进了调

余晖

研普查工作的顺利进行。

2. 宣传培训到位。我们在全市范围内大力宣传普查工作的意义，动员全社会广泛参与。在此基础上，以市（区）为单位，分别举办红色资源调研普查专题培训班，对相关部门和镇街（区）参加红色资源调研普查的工作人员进行集中培训。培训把握重点，注重实效，努力做到四个明确：一是明确红色资源调研普查工作的目的和意义，增强做好调研普查工作的主动性和自觉性。二是明确红色资源调研普查工作的六大项目和具体内容。三是明确红色资源调研普查工作重点，转发了镇江市史志办提供的《镇江市不可移动革命文物目录》，列出各地主要红色资源目录，为调研普查提供参考资料，力争调研普查少走弯路。四是明确调研普查工作的时间节点，保证如期完成红色资源调研普查工作的"三个规定动作"，并结合本地实际，在红色资源的宣传、利用和开发上谋划"自选动作"。

3. 创新普查方法。为了彻底摸清红色家底，提升普查质量，在全市推广了句容市"三上三下"的调研普查方法，即自上而下，然后由下而上，完成三轮调研普查和核对工作。推广丹徒区发挥"五老"（老党员、老教师、老农民、老军人、老干部）作用的好办法，深挖红色线索。同时，为了全面掌握镇江市红色资源情况，还对普查内容和年限做了拓展。根据省里提出的 6 个方面要求，参照先行单位的做法，普查内容由 6 个方面扩大至 10 个方面，下限时间由 1978 年延至中国共产党成立 100 周年，在深入挖掘上下功夫。京口区谏壁镇挖掘出"王家花园"，解放军华东海军炮艇大队就在这里组建，是中国人民解放军最早培训初级海军人才的"摇篮"。润州区挖掘出嵇直、李公朴、丁石孙等一批革命先驱和名人的故居，并积极争取有关部门进行保护修缮。

4. 深化督查指导。2021 年 7 月全市红色资源普查动员大会后，各市（区）老促会落实分工包镇（区）责任制，联系市史志办、市档案馆、市博物馆的专业人员下沉到基层一线，靠前指挥，加强督查指导，及时发现并解决问题。为推进调研普查工作进度和质量，镇江市每两月召开一次工作交流推进会议，并形成边普查边审核的工作机制。普查资料形成初稿后，市级层面及时组织专业人员赴市区把关审核，提出修改调整意见，并及时反馈，反复论证修改，努力打造精品。

镇江市红色资源调研普查工作虽然起步较晚，但由于各级领导重视，精心组织，奋力作为，全力推进，不仅按时按质全面完成了省老促会布置的任务，而且对增强红色文化影响力、促进红色文化繁荣、支持革命老区在新发展阶段巩固拓展脱贫攻坚成果、开启社会主义现代化建设新征程，以及让老区人民过上更加富裕幸福的生活有着重要而深远的推动作用。

二、镇江市红色资源的基本概况及特点

镇江是具有光荣革命传统的红色热土，红色资源特别丰富。100 年来，镇江人民在中国共产党的领导下，不仅在新民主主义革命时期为民族独立和人民解放做出了巨大牺牲，也在社会主义革命和建设、改革开放、社会主义现代化建设中做出了巨大贡献。1925 年 5 月，丹阳就建立了镇江地区首个党支部，成为江浙地区较早建立党组织的县份之一。镇江茅山是全国著名的六大山地抗日根据地之一，陈毅、粟裕等老一辈革命家和新四军广大指战员都在镇江留下了光辉的战斗足迹。在茅山这块红色土地上，先后进行过 5000 多次大小战斗，有 5 万多名子弟参加新四军，有 7000 多名将士在这块土地上浴血奋战、英勇献身，这里涌现出许许多多英雄人物和英勇事迹。解放战争时期，镇江是解放军渡江作战的前沿阵地，扬中"渡江第一船"的木船在北京香山革命展览馆珍藏；1949 年 4 月，邓小平、陈毅、刘伯承等领导的总前委、华东局机关党政军各级精英驻扎丹阳，指挥了解放上海战役并全面接管上海，丹阳一度成为南方的"西柏坡"，留下了丰富而宝贵的红色遗存。这些红色资源不仅给我们留下了极为宝贵的精神财富，也在镇江留下了可歌可泣的印记，为后人开发利用好红色资源、发扬好红色文化传统、传承好红色基因提供了丰厚的物质和非物质遗产资源。

经市、县（市、区）、乡镇（街道）三级共同普查登记，截至 2022 年 9 月，排查出全市物质类红色资源 951 处。其中，丹阳市 48 处、句容市 544 处、扬中市 41 处，丹徒区 253 处、京口区 19 处、润州区 30 处、镇江新区 16 处。另有革命历史口头与非物质文化遗产 892 件。

按照红色资源分类：

1. 伟人（名人）故里 171 处。如 1925 年恽代英在京口的革命活

动、1929 年陈云来镇江巡视建立共产党基层组织等。

2. 革命历史事件和活动遗址、遗迹 242 处。如扬中市渡江战役里的"渡江第一船"、新四军苏南第一仗的韦岗战斗胜利纪念碑等。

3. 墓碑（群）/烈士陵园 445 处。如镇江市革命烈士陵园、丹阳延陵贺甲战斗旧址烈士陵园等。

4. 综合性革命历史纪念馆 58 处。如句容市茅山新四军纪念馆、丹徒区宝堰镇新四军四县抗敌总会旧址、丹阳的解放上海战役总前委旧址等。

5. 以烈士命名的乡镇、村组等 35 处。如丹徒区的荣炳镇、丹阳市司徒镇的杏虎村等。

这次镇江市调研普查的红色资源有以下明显的特点：一是挖掘的新资源多。据统计，这次全市不可移动的红色资源数为 756 处，比调查前 121 处新挖掘增加了 635 处。从市区看，丹阳市新增 21 处、句容市新增 347 处、扬中市新增 19 处、丹徒区新增 217 处、京口区新增 8 处、润州区新增 19 处、镇江新区新增 4 处。从具体内容看，新增伟人（名人）故居 11 处，革命历史事件和活动遗址、遗迹 242 处，综合性历史纪念馆 58 处，墓碑（群）/烈士陵园 445 处。二是"抗战"比重大。抗日战争时期红色资源特别多，占总量的 70% 以上，客观上反映了句容、丹徒、丹阳等地是茅山抗日根据地的核心区块。三是相对集中。红色资源相对集中在几个重点地区，即现句容市白兔镇、茅山镇、天王镇、茅山管委会管辖的原中共句容县委活动的中心区；以丹徒区宝埝镇、荣炳街道、上党镇为主的镇丹县委活动的中心区；以司徒、延陵、丹北和开发区管辖的原丹阳县委活动的中心区。四是交通站（线）多。新四军在建立茅山抗日根据地中心区后，东进扩至整个苏南地区，北上开辟苏中抗日根据地，1944 年后又南下浙西，丹徒、句容、扬中成了新四军东进、北上、南下的战略通道。丹徒区新挖掘地下交通站 31 个；句容从 1938 年 7 月建立第一个秘密交通站开始，至 1945 年新四军渡江北撤，先后组建五大交通站，共有 18 条红色交通线，红色交通分站和站点覆盖句容 86 个自然村。

三、镇江市红色资源保护开发利用情况

近年来，特别是党史学习教育开展以来，全市各级党委、政府对红色资源非常重视，采取了多种措施进行保护、开发、利用。

1. 高度重视本土红色资源。党史学习教育启动伊始，中共镇江市委常委会专门听取了有关红色资源保护利用的情况汇报，强调要充分利用镇江"红色宝藏"，深入挖掘革命英烈事迹，把红色基地利用好、红色基因传承好、红色传统继承好。调研普查以来，市区红色资源调研普查工作办公室对前期掌握的红色资源进行全面梳理，列出本次必须普查登记对象，以文件清单形式发送到各辖市（区）、各乡镇（街道、园区），做到有的放矢、应普尽普。各地深挖抗战历史，镌刻红色记忆。丹徒区新挖掘红色地下联络站 31 个；扬中市新挖掘空军飞行员在坠机时为保护人民群众壮烈牺牲的英雄事迹；丹阳市新挖掘出毛泽东高度评价吕城地区农民斗争的党史事件，管文蔚组织胡桥、里庄农民暴动的史实等。句容市老促会经过全市普查员近三个月的走访了解，广泛调研普查，最终挖掘的数量比开始下发的普查项目数多 545 个。

2. 科学有效保护红色资源。在市委、市政府领导下，各级、各部门在保护红色资源方面做了大量工作。普查过程中，注意对一些历史遗存的红色资源进行深入挖掘，提出建设性意见，使红色资源得以建设和保护。如丹徒区将新挖掘的红色资源在 2022 年"八一"建军节前进行"竖碑立传"，使后人能去学习瞻仰。丹阳市对普查中烈士陵墓及革命遗址修建意见及时反馈给地方党委政府。京口区对地处江苏大学校园内的王龙烈士纪念碑、桥、亭都提出了很好的修缮建议。句容市天王镇将修缮东湾战斗遗址作为政府 10 件实事之一。

3. 提升利用红色教育基地。近年来，市委、市政府着力打造红色教育基地，并创新形式进行开发利用。位于行香境内的大支里党支部，是句容市抗战时期恢复建立的第一个基层党支部，经过修缮保护后，成为党史学习的生动实践基地，2021 年共接待各地党员 167 批次 2.1 万多人。位于丹阳市的上海战役总前委旧址，现有珍贵文献资料和实物千余件，2019 年以来先后接待全国各地各级党组织参观活动 670 余批次近 52 万人次，举行了 500 余场次入党宣誓仪式。全市还创造性地开展"跟着

地名学党史"活动，编制网络宣传册、导学地图等，通过多种媒介向社会发布，营造了浓厚的学习氛围。

4. 用心动情讲好红色故事。除充分挖掘本地红色非物质文化遗产外，还组建了一支包括党史专家、宣传干部、大学生志愿者在内的专兼职讲解队伍，举办红色讲解员培训班，增强解读红色资源的能力素质和现场教学水平，讲好镇江的革命故事。组织青少年红色故事演讲比赛。2022年暑假期间，市老促会组织青少年学生开展"学习中共党史，讲好红色故事"的活动，并参与市委宣传部、市教育局、退役军人事务局、团市委等部门组织的"强国复兴有我"系列主题演讲大赛，这次活动的很多演讲内容大多取材于市老促会编著的《茅山英雄谱》，例如"民族英雄、万古流芳的巫恒通烈士事迹""韦岗战斗胜利与胜利纪念碑""参观句容茅山新四军纪念馆有感"等。这些演讲比赛的录像，已被中央电视台央视影音移动客户端收录，老区精神广为传播。全市还开展镇江籍英烈事迹宣讲活动，组建"好地方"宣讲团、"慰英魂"宣讲团、"银发"宣讲团等，将镇江当代英雄模范人物赵亚夫、王华、糜林、钱云宝等人物的英雄事迹和革命老区发展史宣讲活动结合起来，深入机关、农村、社区、学校、企业开展红色故事宣讲千余场次。

5. 支持红色纪念设施建设。市县"三会"积极申请老区精神传承红色基因示范基地。按照全国老促会文件要求，2022年镇江市有5家单位进行示范基地申报，分别是丹阳市总前委旧址纪念馆、丹徒区冷遹纪念馆、新四军四县抗敌总会纪念馆、句容的江苏省第一个农村党支部"大支里党支部旧址"、句容市天王唐陵村新四军秘密交通站纪念馆。以上5份申报材料，已按照中国老促会申报要求，经省老促会审核同意后，于2022年7月底之前全部上报到中国老促会。句容市老区扶贫"三会"在自身经费紧张的情况下，想方设法筹措资金数百万元，支持革命老区天王镇东湾战斗遗址主题教育基地建设，塑起了东湾精神群雕像，为保留红色记忆、打造红色景点、拓展红色宣传、营造红色氛围奉献了老区工作者的绵薄之力。

四、深入开展红色资源保护利用存在的问题和主要建议

目前，镇江市采取多种形式保护、开发和利用红色资源，虽然取得了一些成绩，但仍然存在差距与不足。主要表现在：一是一些重要纪念场馆建设起点偏低，红色遗存遗迹基础设施落后；二是缺乏红色遗存保护利用与生态、自然景观开发的统筹规划，影响资源开发和文旅产业融合；三是管理力量分散、保护经费缺乏、对红色资源内涵的深度挖掘明显不足等。

我们提出如下建议：

（一）加大红色资源保护力度

要深入学习、深刻领会习近平总书记关于"用好红色资源，赓续红色血脉，努力创造无愧于历史和人民的新业绩"的重要讲话精神，教育引导广大党员干部铭记党的革命历史，发扬优良革命传统，弘扬伟大建党精神，传承红色基因，进一步提振干事创业的精气神，开启镇江社会主义现代化建设的新征程。全市各级党政部门，以及红色资源的所在地，要切实提高政治站位，充分认识做好红色资源保护和利用工作的重要意义，自觉担负起红色资源保护利用、传承发展的政治责任，结合党的二十大精神的学习贯彻，推动镇江市红色资源保护和利用工作进入科学化、制度化、规范化的轨道。

（二）编制红色资源保护规划

镇江市红色资源丰富，如何保护利用，十分迫切的工作就是要统筹规划。首先，要搞好顶层设计。高起点、高标准编制红色资源保护利用整体规划，并将其纳入经济社会发展总体布局，纳入精神文明创建，并与国民经济和社会发展总体规划、城乡建设规划、区域旅游发展等专项规划有机衔接。把红色资源保护开发利用与乡村振兴结合起来，与推动区域旅游产业发展结合起来，与美丽乡村建设结合起来，与特色文化传播结合起来，真正建立起红色资源保护利用大格局体系。其次，要统筹规划。要明确市、县、镇、村的职责，贯彻"保护第一"的总体原则，利用和开发时要贯彻需要和可能二者兼顾，按轻重缓急安排计划，逐件实施。最后，要拟定分类实施计划。根据全市不同类型的红色资源情况制订分类实施计划：遗址遗迹类，在立足保护完好的前提下，有条件、有影响的要深度开发；纪念设施类，在突出教育功能的基础上，有计划、有步骤地拓展旅游功能；已消失的革命遗址遗迹，能有条件恢复的尽量恢复原状，不能恢复的也要设立纪念碑、牌；损坏严重的，必须抓紧组织恢复性抢救。

（三）创新红色资源利用方式

坚持"保护为主、抢救第一、合理利用、加强管理"的方针，主动作为、顺势而为、创新有为，不断打造红色文化地方品牌，充分挖掘红色资源的利用价值。

1. 及时把具有重要价值的革命旧址核定公布为各级文物保护单位。根据这次普查数据，要加快认定公布镇江市红色资源名录，做好全国革命文物大数据库镇江红色资源信息录入工作。

2. 提升红色遗址场馆研究、陈列展览水平。充分利用现代融媒体技术和5G网络，打造一批主题鲜明、特色突出、内涵丰富、形式新颖、更具吸引力和感染力的教育陈列展览，以及流动展览、线上展览，举办形式多样的主题活动，提升讲解服务水平，全景式、互动式展示革命历史。

3. 加大红色资源宣传力度。积极传承弘扬老区精神、新四军精神、亚夫精神等，使红色资源宣传展示做到有址可寻，有物可看，有史可讲，有事可说。鼓励党政机关、企事业单位、驻地部队等依托革命博物馆、纪念馆和革命旧址组织开展瞻仰参观、现场教学、缅怀祭扫、入党入团入队仪式等主题活动。支持教育部门利用革命文物资源开展学校思想政治工作，推动革命博物馆、纪念馆和革命旧址建设学校思政课实践教学基地。

（四）完善红色资源管理机制

1. 领导协调机制。建议建立健全由各级党政领导挂帅，宣传部门牵头，市史志办、市文广旅局、市财政局、市民政局、市退役军人事务局等相关部门组成的红色资源保护利用协调机构，根据各自职能，明确工作职责，相互协调配合，形成工作合力，建立健全考核评价机制，推动制度的执行。

2. 资金投入机制。建议在市、县级财政预算中设立专项奖补资金，专门用于红色资源的管理和保护利用；借助国家、省支持和促进革命老区加快发展与保护开发利用红色资源的优惠政策，建议对红色资源非经营性投资项目参照慈善资金给予税收优惠；探索建立红色资源保护公益基金，号召社会各界有识之士定向捐赠，广泛吸引社会资本参与红色资源的保护与开发。

3. 人才培养机制。加强人才队伍和讲解员队伍建设，关爱各类先进模范人物，发挥红色文化爱好者、志愿者的作用，营造全民支持和参与红色资源保护利用的浓厚氛围。

（五）推动红色资源保护立法，将红色资源保护利用工作纳入规范化、法治化轨道

据了解，目前全国多地出台了有关红色资源传承弘扬和保护利用的地方性法规。继 2019 年山西省率先出台《红色文化遗址保护利用条例》后，2021 年广东省、山东省、福建省龙岩市、湖北省黄冈市、广东省汕尾市及江苏省南京市等 10 多个地区也通过了保护红色资源的地方性法规。

建议学习外省市红色资源保护立法经验，制定镇江市红色资源保护法规，明确立法目的，规范工作机制，建立名录制度，加强传承弘扬，实施分类保护，完善保护管理措施，强化工作保障，明确相关法律责任等。这对于统筹整合全市红色资源、传承红色基因、赓续红色血脉、培育和践行社会主义核心价值观具有十分重要的政治意义、现实意义和历史意义。

（滕玉林）

市委主要领导批示：

市扶贫"三会"此次开展红色资源调研普查工作，组织有力，发动广泛，工作严谨，成效显著，其务实细致的作风值得现职人员学习借鉴。其提出的五点建议符合实际，请宣传部牵头，会商相关部门和地区，积极推进。（首先是各地各部门要提高对红色资源的保护、利用、弘扬、传承的意识和能力）。关于立法事宜请市人大法工委积极研究。

2022. 12. 4

余晖